致力于中国人的心灵成长与文化重建

立 品 图 书·自觉·觉他
www.tobebooks.net
出 品

米凯拉博士 推荐 | 瑞士歌德馆医学部前任部长

懂得星星的孩子

（德）英格丽德·鲁尔曼
(Ingrid Ruhrmann) 等著

何品 / 译

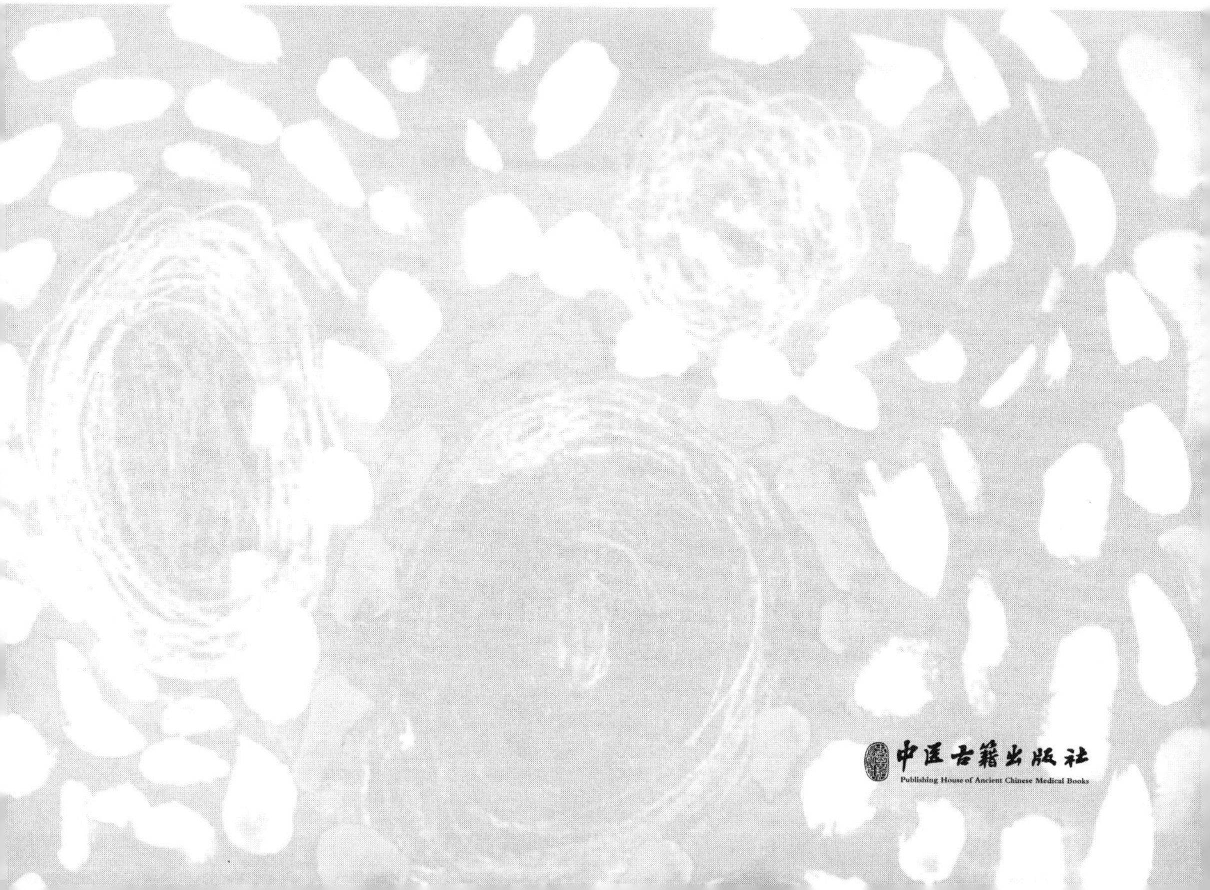

中医古籍出版社
Publishing House of Ancient Chinese Medical Books

图书在版编目（CIP）数据

米凯拉博士：懂得星星的孩子 /（德）英格丽德·鲁尔曼（Ingrid Ruhrmann）等著；何品译 . -- 北京：中医古籍出版社，2018.12

ISBN 978-7-5152-1849-6

Ⅰ . ①米…　Ⅱ . ①英… ②何…　Ⅲ . ①孤独症 – 儿童教育 – 特殊教育　Ⅳ . ① G766

中国版本图书馆 CIP 数据核字（2018）第 272247 号

米凯拉博士：懂得星星的孩子

（德）英格丽德·鲁尔曼（Ingrid Ruhrmann）等著　何品 译

责任编辑　孙志波
出版发行　中医古籍出版社
社　　址　北京东直门内南小街 16 号（100700）
经　　销　全国各地新华书店
印　　刷　北京华创印务有限公司
开　　本　787mm × 960mm　1/16
印　　张　12.25
字　　数　149 千
版　　次　2019 年 10 月第 1 版　2019 年 10 月第 1 次印刷
书　　号　ISBN 978-7-5152-1849-6
定　　价　48.00 元

引言

本书尝试从众多角度回答那些持续不断出现的疑问，以便使人更加理解自闭症现象。本书内容涉及轻度与较严重类型的自闭症，也涉及医学与人智医学研究的观点，以及当事人本人、家长、护理师与治疗师的陈述。本书的关键在于认识这些片面性现象，以及辨别哪些事物是真正有帮助并会促进发展的。本书一开始将介绍，天才其实同时也是一种阻碍而阻碍也是天才，另外也会介绍十二感官的概念。后面预计推出的短篇著作将有关于：

- 触觉感知——角色混淆——边界感知，身、心与性暴力
- 与自我运动觉、平衡觉、听觉与语言觉相关的运动、语言与认知发展
- 学习障碍

协助发展自我认知、学习体谅他人以及解决日常事务将是本书的重点。

本书并不要求完美，它其实是下列事物的成果：与天才残疾人或是与其父母之间的多次谈话；越来越能感知到细微的现象；反复的同理心练习；多次小组以及与其他学员的共同反省；书籍以及科学与期刊研究，特别是做好心理准备来学会与疑问共存。

每个想明确支持自己或他人，并乐于去考虑和感受新思维，以及在日常生活中经历新经验的人都可以阅读本书。请你在日常生活中观察：

- 你是否发现有上述的自闭症现象？
- 你新的内心态度对你自身以及被托付给你的人有何影响？
- 尝试日常协助所带来的效果，并对其评价！

请搜集你的观察与经验，并请来信：info@bli-hamburg.de。

我感谢众多参与本书出版的人。我要感谢不畏辛劳、对本书做到极小极细改善的同事们，以及检查并确保本书易于理解的娜汀·泽曼（Nadine Seemann）。

英格丽德·鲁尔曼（Ingrid Ruhrmann）

2013 年 5 月写于汉堡

目录

导论

『天才残疾』

你是否一直好奇，为何有天赋的人在某些生活场合中会如此地笨拙，而残障的人又是如此天才？

鲁道夫·斯坦纳（Rudolf Steiner）对于如何形成健康的描述提供了一个有趣的答案。他说，健康并非长久恒定的状态，而是一种摆荡式的追寻状态，它会在相反的两个极端之间移动。当我能在对立的两极性之中不断成功地找到平衡点，就能保持健康。而当我甚至能在两个极端之间往返，并成功地透过在中心点上取得平衡的方式来运用一切可能性，我会特别健康，并且具有抗压性与弹性。

本书将透过自闭症谱系障碍（Spektrum Autismus）的例子来说明天才与残障这种两极化倾向的后果。

请你想象这两个对立面，并感受它们就出现在你身上！你会规律地在两极之间摆动或是片面地倾向单一方向？而你的倾向程度又有多强？是轻微还是片面地倾斜，或甚至是极端片面地倒向一方？

你会发现下列特征：

紧张——清醒——想把一切事情都做到一丝不苟——无法休息——难以入睡——只能接受熟悉的饮食

或是在相反的极端：过度放松——想睡——最好啥事都不做——喜欢大吃与嗜睡——几乎一直在休息

当我“健康地”对一项要求做出反应时，我会保持必要的清醒以及尽可能地放轻松来完成它，一方面不对自己造成不必要的劳累，但另一方面也会投入此任务所需的细心，我会做必要的休息，以顺利应付此任务。当任务圆满达成时，我身边的人也会感到满意，而我自己则保持着和善与平静。

假如我在两极之间的摆动能力受到局限，而且我一直都处在过度紧绷与清醒状态下的话，这一切看来会是什么样子？我对于应付需要高度警觉性、敏捷度、完美度、对众多细节能有精确感知与连贯能力以及优越记忆力的任务相当在行；我严格要求我自己。其他人必须学会与我的紧绷个性共处，因为我期待别人也做到我所要求自己的事物，而当任何一方无法达到标准时我就会感到相当愤怒。我相当不擅应付需要放松的情况，难以跟别人一起舒舒服服休息一会儿，像他们一样将某事尽力做好但不钻牛角尖追求完美，也无法以幽默态度来接纳自己或他人的错误。

相反地，当我陷在过度放松的另一端时，我不会勉力要求自己。我相当擅长休息，闲暇时间在我附近的每个人都会马上放松下来并感到心情舒畅，我不会批评任何人。但是假如我必须完成一项艰难的任务，我就完全是笨手笨脚的，与我一同工作的人会相当绝望，我也完全搞不懂他们为何要如此生气。

你的天才能力与无能之间的相互关系又是如何呢？你认识它们吗？你有办法基于此自我认知来为自己的片面性担负一些责任吗？还是说在难以与人共处与合作时，你喜欢将过错归咎于他人？

你在哪些生活场合中会健康地做出反应？你如何办到这点？看看你自己吧！请从你已具备基础认识的场景来学习！你是否曾想过或许可以搬救兵来帮助自己？！通往更具摆动能力状态的中庸之道，乃是从孤独中解放出来的道路。

感官概念

鲁道夫·斯坦纳于20世纪初发展出一套包含十二种感官的感官概念，此概念受到卡尔·柯尼希（Karl König）的拓展。儿童神经学家英格·佛雷明（Inge Flehmig）将珍·阿尔斯（Jean Ayres）的感觉统合概念从美国带到德国汉堡。上述途径在诊断过程中的实际运用，以及促进终身照护或身体—感知—感官（Körper-Wahrnehmung-Sinne）的成熟等艺术，乃是Bernard Lievegoed[1] 研究所（简

---

[1] Bernard Lievegoed 研究所于1993年成立于汉堡。

其工作一方面根源于人智学的人类学、治疗教育学与医学，另一方面则基于对教育学、心理学与医学等领域的最新发现及方法的深入了解。

研究所职员视自己为理论与实践的研究者。而日常实践同时也会拓展理论性的理解，就像理论基础承载并持续改善着实务工作一样。

Bernard Lievegoed 研究所提供诊断学、家长咨询、儿童治疗、律动按摩、个别咨询、伴侣咨询、家庭咨询、个别辅导与团队监督、各式进修等服务。

称 BLI）的核心宗旨之一。

所有感官都会在感知过程中于各自所属的感官领域内发展。感觉器官会在感知过程中发展，若是因为器官虚弱之故而缺乏感知，以及在幼童期的敏感发展阶段欠缺感官经验的情况下，感官能力将无法完全形成。即使在晚年时也一样，当外界所提供的感知过程减弱时，相应的感官也会退化，而我们的身体感官需要每日进行保养，许多较年长者身体上的限制并非是因为自然老化所导致，而是身体感官缺乏保养的后果。

“我们可说是……透过感官感知来吸入‘我’……这个‘我’其实是存在于外界中的”，鲁道夫 · 斯坦纳说道。透过身体四觉（它们会促进无意识的自我感知）的“充分”感官发展，我们会将我们的个体性和心魂与我们的生命身和物质身联系在一起，如此一来便形成了一种确实的存有感，我借此创造了一种与自身之间的关系。

我们不仅会贯穿自己的身体，还会使自己入世到周遭的有生命物以及尘世的四大元素（重力、浮力、光 / 空气、温暖）之中。鲁道夫 · 斯坦纳曾表示，一次顺利的入世会深及于我四周的宇宙秩序中，并使其他人的个性、思路、语言得以在我心中有意识地回响。这点可透过四大社交感官实现，我们借由它们来感知其他人，并进而获得社交的能力。在一次成功的入世过程中，我们不会仿佛卡在自身当中，而会与地球生命、我们周遭的人以及世界的多样性结合。我们会对此发展出另外四种感官，专门用以感知世界的多元。

整体来说，这表示每种身体感官发展失调都会导致安全感的缺乏、在日常生活中失去一定程度的现实感，以及在社交环境中缺乏感知。

我们可以找出哪个低阶感官未完全发展成熟，并在日常生活上明确地协助促进其成熟。存在感将变得更稳定，害怕程度会因此而下降，社交能力提升。唯有如此，一个人才能在社交环境中成功地发挥其片面性倾向所带来的独特天赋。

十二感官

“数字 12 蕴含了我们有办法吸收‘我’的秘密。”——鲁道夫 · 斯坦纳

会“进入”他人体内“沉睡”，并在遭遇他人的陌生特质时再次苏醒而重回到自身身上的四大社交感官

“……但你的这个思维会在我的思维中被当作是我自己的体验来领会。我真的感知到了他人的思维，因为作为感官现象而正在消逝中的直接感知会被我的思维所掌握，此乃一种完全存在于我的意识中的过程，它会以他人的思维来取代本身思维……两大意识领域之间的分割确实遭到消弭……意识被我自己消除又重新照亮，这两种交替状态的更迭过于迅速而往往难以察觉。”

自我觉（Ichsinn），能够感知他人的个体性与他的角色：其器官是发育成熟的触觉。

思想觉（Gedankensinn），对他人的思路能够感同身受：其器官是发育成熟的生命觉。

语言觉（Sprachsinn），在他人的话语与声音中能够注意产生共鸣，并将其语言作为感官感知来理解：其器官是发育成熟的自我运动觉。

听觉或倾听觉（Hör-oder Hinhör-sinn），能够将我的注意力集中在他人发出的声响身上，并过滤掉背景杂音：其器官是发育成熟的平衡觉。

四大半梦半醒的感官，专为感知世界里的各种现象

> "……感官感知会受到外界的刺激，但在这些受到刺激的感官感知中存在着'我'。"（鲁道夫·斯坦纳）

温暖觉（Wärmesinn），感知地球、空气和水与我自身温度相较之下的温暖与寒冷，（我自己是否感到舒服温暖则会由生命觉来感知）。

视觉（Seh-sinn），在明亮与阴暗之间的色谱来感知颜色。我们利用眼睛来触碰颜色，透过自我运动觉来感知形状，并借由平衡觉来感知空间条件。

味觉（Geschmackssinn），让世界上的各种味道在我的舌头上融化。

嗅觉（Geruchssinn），能够嗅闻世界上的各种气味。

让我能在深层的无意识中感知到自己的四大感官，以确保自身的存有安全感、我的一致性与应变感

> "……对于我们究竟为何物的体验（我们属于这个世界，而非属于我们

自己）会透过感官传递给我们。”（鲁道夫 · 斯坦纳）

平衡觉（Gleichgewichtssinn），我介于沉重与轻盈之间的活动。首先必要的发展步骤为贴近地面体验我与地球重力之间的联系以及对它的克服，接着区别我右方与左方的自身动作，并发展出明确的右边或左边的主导地位，第三步则要发觉“我的前面”与“我的后面”。这些分辨轻重、左右、前后带来的成果可见于直立的人类其站立与行走动作中。当我转动身体，刚刚还是后面的地方变成了前面，这项感觉的器官是人的骨骼系统、前庭感觉细胞、内耳器官旁的颞骨腔室内的迷路以及脑干部位。它会感知自我运动觉，即我自己介于紧绷与放松之间的旋转运动过程（这牵扯到肌肉，尤其是将关节绷紧的肌梭）：其器官乃是人的肌肉系统以及其本体感官受体与脑干部位。

活力—生命觉（Vital-Lebenssinn），感知与“品尝”我介于分解与合成之间的生命过程，感知我现在想要做的事情，并将自己以及周遭一切事物作为时间中的各种过程来感知：此感觉的器官为将讯息继续传导至自律神经系统的所有受体。

触觉（Tastsinn），感觉环境印象如何对我皮肤上的触觉器官造成影响。不同的大面积触摸会让我感觉自己有如位于皮肤中受到保护的一个整体：触觉的器官为所有皮肤与黏膜，以及它们的触觉感官受体与脑干部位，个别的感知会在此处被合成一幅整体图像。

鲁道夫 · 斯坦纳有关“每个发育成熟的身体感官都会成为某一社交感官的器官”的说法，催生了以下发现

触碰自我觉（Tast-Ich-Sinn）：当触觉透过其器官——皮肤并透过身体护理与衣着而发育成熟，加上孩子透过可靠的依附关系、清楚的交谈、明确的习惯、

设定界线以及成人明确的角色地位等等而体验到一个安全的环境时，孩子会感觉自己是“封闭的个体”、作为存在于自身与世界中充满灵性信仰的整体。他可轻易地为自己划清界限，并维持好与他人的界线。他在他的“小天地”里如鱼得水，也能与他人建立可靠的依附关系。

请你设身处地想象自己目前 5 岁，你毫无意识地借由触觉来感知你的身高、你的身体界线以及你存在于自己的身体之中。你能够抱着同理心来感受这点吗？

这个孩子会怎么体验来访的另外一位“我—人”（Ich-Person）呢？我在这里，我是一个整体，我的眼前站着另一个整体，他遵循着与我迥异的规律，他比我高大许多，比我老，像我爸爸一样，他已成年，我较矮小，而我很好奇这另外一个人是谁。

生命思想觉（Lebens-Gedanken-Sinn）：当生命觉在 9 个月的哺乳期以及在之后对自身新陈代谢生命过程的感知程序中发育成熟时，孩子一方面会透过充满生命力且自己也能接受的食物，而另一方面则会透过规律重复的睡眠与摄食期体验到自己在时间变迁过程的升华，他在重复、变迁与过程之中体验到自己是安全的。他因此能够体验成人行为的过程并领会其含义，假如孩子得以与成人一同“工作”，他会相当开心，随后也会在游戏中模仿此工作。他便是这样在自身行为中领会意义的。生命觉与思想觉会同时成熟，稳定的一致性与抗压性等感受之基础会在学龄前透过每日共同进行人类原始活动而形成，并成为日后健康、心理稳定度、游戏与学习等兴趣的基础。孩子稳定的依附关系会再成熟为“团队能力”。

自我运动语言觉（Eigenbewegungs-Sprach-Sinn）：于胚胎期业已开始，它的成熟要透过将婴儿平躺放置于地板上，使其拥有高度活动自由，隔绝感官刺激，令其完全沉浸在玩弄自己的双手双脚中，以及去仰赖作为自我运动觉器官的健全肌肉张力，婴儿能自行学会侧躺与俯卧、坐立、爬行、站立以及行走。如此一来肌肉张力就能够发育成熟，并且成为一种能放松与绷紧的乐器，它的弦现在能毫不费力地随着他人的声音、话语与行动共鸣。早在自己能够思考之前，我们已经理解我们的母语，并在约第七到第九个月时开始模仿它。

平衡“倾听”觉（Gleichgewichts-Hinhör-Sinn）：如鲁道夫·斯坦纳所说的，当我得以在地面长期面对重力与空间方向，还能够自己克服沉重时，“我的头”便能驾驶一辆“安全的马车”，它并未参与前进的动作，它休息过后苏醒，我能够目标明确地集中注意力。

你可以快速验证此现象。请你尝试嘴巴张开、弓背曲肩、轻松弯曲双膝、保持有气无力的肌肉张力。你有多么清醒？现在请你从骨盆挺直身体，让肩膀下垂，双膝轻轻绷紧，让头坐落其上。你现在有多清醒？你是否体验过在克服自身沉重的那一刻，你会变得清醒并能够专心倾听？

这个由鲁道夫·斯坦纳所启发的感官概念有百年之久，但其说法至今仍是革命性的。在我们现今的时代中透过两位德国大脑研究专家格拉尔德·余特尔（Gerald Hüther）教授（哥廷根）与曼菲德·施碧策尔（Manfred Spitzer）教授的研究成果获得了证实。但是在商业化的家长顾问以及针对托儿所的国家方针中有时内容却完全相反：对你的孩子解释一切，与他大量地谈话，透过许多课程与活动来促进他的智力。

假如日常实践遵循着上述感官概念的发现和神经学与依附关系研究的成果，孩子会同时需要极少与极多的东西

针对触觉：与某些少数照顾者之间的稳定关系，这些照顾者始终能维持好他们的界线与角色，细心照顾好自己的身体并适当地穿着，他们也会这样对待自己的孩子一阵子，并让孩子模仿上述两者。

针对生命觉：照顾者本身需感觉舒服而且热爱生活，并不会认为生命会特

别对我们开恶劣的玩笑；能提供孩子睡眠与饮食节奏，始终对原始行为保持兴趣并乐于让孩子参与，因为这些行为一来无须快速处理，二来不必处处都臻至完美。孩子可以模仿一切事物。

针对自我运动平衡觉：照顾者喜爱运动以及乐于让孩子对自身周遭的多样性活动产生共鸣。

让孩子一岁时在地板上体验其运动经验，父母应让他尽可能少接触不必要的刺激。

与孩子一起“工作”，因为这样幼童会变得比做体操、跳芭蕾或游泳还灵巧得多。

假如你甚至有勇气让孩子不喜欢你而坚持不送他滑步脚踏车，直到他就学很久之后才送他脚踏车（因为两者皆会阻碍孩子，让他没机会在旋转臀部踏出每一步时以及在对抗重力的情况下来感受自身），他会因此而感激你，不过这必须等到 20 岁半时。

在学龄之前以及晚年时，孩子们会以良好的专注倾听能力、积极的意志、健康的椎间盘、健康的髋关节与膝关节、双脚以及放松的颈部肌肉组织来感谢你。

人类学观点

鲁道夫・斯坦纳讨论关于自闭症倾向原因的理解

"我们体内无形的人"("Der unsichtbare Mensch in uns")

描述了两大主流，即一个"上端"主流与一个"下端"主流。为了要能彼此相遇，这两个激烈的主流各需要一个较不强烈的流，也就是减轻的上端流以及减轻的下端流。

鲁道夫・斯坦纳首先探讨了上端的灵性我之流(geistiger Ich-Strom)。它不会沉潜进肉体中，而会直接进入神经感官组织，并沿着神经从外往内呈向心性以及从上端前方开始发挥作用。它是一种传递着意识、结构、安宁、寒冷、狭窄的过程。它会分解具有活力的生命力量，并经由生命过程的"吸收""适应"以及"消化"与"盐析"而留下纯粹的物质沉积物。

要是此过程过度片面化地工作，一个人会变得修长、苍白与单薄，而且这也可能发展成胆结石、肾结石、关节病、肿瘤与液态沉积物（如水肿），还有气态沉积物（如胀气）。

这个上端的主流在心魂层面中可能发展成疏远的自我感知，这种自我感知好像来自外在，令人对自己的身体感到很陌生，而且会有忧郁症的倾向。

这道流强烈到需要另一个减弱的调节流，以便能够与下端的我之流相遇。

这两道上端的流会透过肺进入，但这道经减弱的流并非沿着神经通道发挥作用，而是透过呼吸来居中调节。

从外往内的流——从上往下——从前面沿着神经通道发挥作用并经由肺与呼吸产生。

从内往外的流——从下往上——从下端的血流、从四个层次进入发挥作用。

相对于这两道上端的流，鲁道夫·斯坦纳描述了下端的我之流的力量，它们在胚胎期创建了羊膜囊以及部分的胎盘，产后它们也会透过人的四大层次的调节而在血流中从内往外呈离心性，以及从下端后方开始发挥作用。

这个下端的流会导致一种安全而无意识的存有感、强大的意志力、创造性混乱意义上的分解、内外在的活动、温暖、宽阔、富足、圆润的形态以及经由合成的生命过程所产生的生命力量结构：“保持—再生”“成长”与“产生新事物”。

假如这个流过度片面地介入，经常会发展成发烧性的发炎症状。

在一个从内往外的心魂活动中，其心魂层面会过度强烈地感知世界与他人，而在这些感知之后会马上接着出现缺乏结构的自发性的行为，就像在一个幼童身上缺少了平静并且能保持距离来看待自己与世界的眼光。

这个流同样强到需要一股减弱的流来调节，它会经由三元性的人，也就是我、心魂与生命身，并且透过血液系统而产生。

当两股（经由呼吸调节的）上端流与两股（经由血液循环调节的）下端流相遇时，就会在每一个介于呼吸节律与脉搏节律之间的生命时刻里形成居中摆荡的状态，并创造着健康的人。

此意义下的健康意味着始终能够交替平衡自身利益与他人利益。一方面保持全观的视野并且在自身与他人之间保持健康的距离，而另一方面则着重意志与自发性，能像小孩一样发明许多有创意的解决方法，这是一种生命与工作之间的平衡。我个人的需求可以为了周遭众人的利益而退居其次，然而我的核心价值并不会为了周遭众人的要求而丧失。

这些论述说明着什么?

患有轻度到重度自闭倾向的人会极端强烈地受到上端纯粹灵性我之流的支配，分解的力量占了上风，这个人往往是修长、单薄、有些棱棱角角、苍白且四肢冰凉的。他鲜少为发炎以及高烧所苦，他热爱一切平静事物、秩序与结构，就像著名画家乔治·莫兰迪（Giorgio Morandi）一样持续在不同的投影下重复画着瓶子与器皿，莫兰迪描述自己的生活是“令人欣喜而无风无浪的”。

也许一个患有轻度自闭倾向的人，其身上那些在上端进行着整顿、建立、建构的力量已经相当强大，但却碰触不到下端自身活化之流的力量，此时上端的力量就有可能抛下自身体内的生命过程，转而去整顿以及建构周围环境。如此一来就会缺乏一种令人愉快的肉身自我体验，这个轻度自闭症者的身体让自己感到陌生，他并非从内在体验自己的身体，而是仿佛从上方看着自己的身体，而因为传递存有安全感的合成性下端之流并未滋养身体的关系，所以身体也无法使生命力量再生。此时患者更容易出现对细菌与疾病，还有对结石沉积物、钙化、肿瘤与癌症等的虑病恐惧症（Hypochondrische Angst）。针对自身以及他人保持距离的眼光也可能会形成极高的天才度。

假如你想阅读更多主题

鲁道夫・斯坦纳提供我们许多理解此片面性的建议。他不断提到人体内上下两端呈两极对立的过程，另外也提到介于两者之间的平衡、促进着健康的中间区域。这些内容尤其出现在下列作品中：

➢《人智学片段》(Anthroposophie ein Fragment)，参照 Hans-Broder von Laue “Die sieben Lebensprozesse，ihre physiologische Verwandlung und die Krebserkrankung”，出自 Der Merkurstab 5/2000 以及 Karl König “Die Entwicklung der Leibessinne”

➢《我们体内无形的人》(Der unsichtbare Mensch in uns)，又名《小盒子演讲》(Kästchenvortrag)

➢《从灵性科学的观点看治疗》(Geisteswissenschaftliche Gesichtspunkte zur Therapie)

➢《药用艺术的人智学基础》(Anthroposophische Grundlagen für die Arzneikunst)，参照 Hans Jürgen Scheurle “Hirnfunktion und Willensfreiheit”

➢《松绑演讲》(Entfesselungsvortrag)

对于可能原因的经验

遗传

在我们的经验领域中有许多孩子的病历从小就显示引人注意之处，他们的生命历程或自律神经元的受体中的以太星辰过程似乎有着先天缺陷。遗传因素有时会造成影响，例如在父母一方或双亲，又或者是其他近亲的身上会存在同样的片面性，只是轻重程度有所不同。双胞胎研究在 50% 的同卵双胞胎身上发现到这些片面性，但只有 9% 的异卵双胞胎身上存在这些片面性。

产前

怀孕期间的压力因素，例如搬家、过多工作业务、与伴侣争执、失去重要的人、过早产痛等。这种压力往往会反映在孩子出生第一年，容易出现绞痛、长时间不安的清醒阶段以及经常尖叫等现象上。在敏感期间无法形成稳定的睡眠与进食规律所带来的舒适感，我们偶尔也能在人工受孕的案例中发现这些症状。

生产

早于预产期三周以上的生产，须透过必要的加护医疗措施在一般医院保温箱与保温床加以照护，而因在敏感发展期缺乏身体舒适感之故，几乎注定会导致显著的生命觉失调，有时则会造成自闭倾向。

产后

早期手术、住院与住疗养院、母亲的重大疾病都会增加生命觉发育成熟的困难度，特别是再加上与母亲分离的情况时。

而多重接种疫苗与出现轻微自闭迹象之间的时间关联性也一再引起我们的注意。

忽视

若孩子在刚出生后的几个月未受到规律性的喂养、吸收与照护，这尤其会导致严重的生命觉失调。当寄养或养父母事后全心努力想补救错过的东西时，虽能有相当的成果，但却无法抹杀这段早期时光的影响。

内在新陈代谢生命过程的感知失调解释了感知过程为何出现改变

鲁道夫·斯坦纳、卡尔·柯尼希、汉斯-柏多尔·冯·劳尔（Hans-Broder von Laue）与BLI所提倡的建议

> "……现在必须承认，这两种内在体验间的差异……对于生命觉以及在呼吸或升温过程中的感受性的内在体验……这些力量的揭示……如今被称为以太人（Ätherischer Mensch）并无特别明确的地方……本能层面的浪潮必须……朝向我拍打，以抵达生命觉的范围……这种生命觉体验包含能透过我来为其加诸一种判断……以太身只能根据感受而直接被星辰人（Astralischer Mensch）体验。"（鲁道夫·斯坦纳）

这里共有七个过程受到了描述：三个分解过程"吸收、适应与克服"，一个居中的过程"排泄"以及三大合成过程"再生、成长、新生"，然而生命过程无法像感官领域一样清楚地切割。

有关第一个过程"吸收"（aufnehmen），鲁道夫·斯坦纳称之为"呼吸"，但同时也意指要将陌生事物从之前的环境中分离出来、吸收、消化并且内化。我们透过呼吸的空气、我们吃喝的食物、感官感知，还有在社交生活中透过被传递给我们的新思维来进行上述过程。当此过程"无法恰如其分地进展时就会出现恐惧状态……"

至于第二个过程"适应"（angleichen），斯坦纳虽称之为"升温"，但描述的其实是一种加温、冷却、变稠、液化、压碎的过程，进而让陌生事物能适应我自身的环境。亦即在社交层面中试图让新吸收与学习的东西与我的过往经验

联结，并因此而对自己加温。倘若此过程无法发展的话，将会缺乏吸收“新事物”的心理准备。

针对第三个过程“克服或饮食”（überwinden oder ernähren），鲁道夫·斯坦纳说道：“我们并非为了将不同的食物带入我们自身而进食，我们进食是因为我们要发展能够克服这些食物的内在力量。”这指的是一种彻底的消化过程，它会透过免疫过程来克服被吸收事物的异质性。假如这点无法顺利进行，便会产生食物不耐性或甚至食物过敏的情形；而假设克服过程未能顺利完成，我们就会缺乏透过生命觉传递的深层味觉，此感官会让我们对于有益且能提升我们舒适感的东西感到渴望。

在学习进程中，这第三个过程涉及让我能完全“拥有”那些新内容、能独立自主处理它们并将其纳入我熟悉、体验丰富的概念之中。

至于第四个居中过程“排泄”（aussondern）：排除那些无法去除其异质性的事物，例如膳食纤维、有毒物质与过量的维生素。这第四个过程会负责保护我的生命体不受任何异物的伤害。

这在学习过程中意味着去忘记在生命史中某个时间点对我不重要的事物，并记住那个符合我的处境、能拓展我的视野并对我具有重要性的事物。当这点失败时，我会开始累积“知识石块”，这些石块会对我造成负担并且让我无法真正地进步。

针对第五个过程“再生”（erhalten）：意指我的身体每日的再生与维护，这会透过源自第三个过程“克服”以及第四个过程“排泄”所产生的力量来进行。关键在于要建立起一套 24 小时的节律、一种内在的整体感以及细胞性的修复措施。

这在学习过程中代表要能基于我所学会的知识来重新感知人与世界，进而获得新的经验。

假如这点失败的话，新事物无法来到我的身上，或者它跟我的东西之间依然毫无交集。

针对第六个过程“成长”（wachsen），鲁道夫·斯坦纳说道：成长感会呈现在呼吸的舒服感与升温过程中、会透过增强的力量感而特别出现在青春期以及在组织的增殖与分化过程之中。精力的再生过程会依循月规律进行，而心魂的均衡过程则会依循着周规律。

这在学习过程中代表有能力透过练习来学会新事物以及改变自己的习惯。

有关第七个过程“繁殖与新生”（reproduzieren und Neues hervorbringen），斯坦纳提出了一种长期的合成过程，就像包含十个阴历月（Mond-Monat）的怀孕期、体内细胞繁殖作用的七年周期或是历经一年时间来消化痛苦的体验等等。

至于在学习过程中，我会受到他人新观念的刺激而发展出新的感知，这能够激发我的感知与思维，进而改变习惯，产生新的内在态度、能力、认识、概念与艺术性创造。

假如人们根据“哪些过程是我有意识且清醒地加以感知”的角度来检视这七个生命过程的话，答案只有第一个“吸收”以及第七个“繁殖”过程，第二个“适应”以及第六个“成长”过程的痕迹同样也会渗透进我的意识中，而剩下的其他过程皆为无意识的，我只需让它们发生，并抱持着“结果将会令人满意，同时也确实体验到进步”的信心来参与各个过程。如此一来，对过程的信任度就会开始发展。

生命进程异常发展的研究成果

论第一个生命过程“吸收”感知作用

在莫伊泽尔斯（Meusers）博士于黑尔德克（Herdecke）所报告的研究中，人们分别统计了具自闭倾向以及没有自闭倾向者在注视某一物体时的眼球震颤次数。“正常”感知的人仅透过少数的眼球震颤来掌握物体，他们鲜少会将眼神投注过去。我们每个人都认识以下的现象：假如我们在街上碰到一个之前曾多次遇过的人，当经过其身边而我们那稍纵即逝的感官与情感回忆找到“基尔的幼儿园老师”这个概念时，我们往往首先会察觉到自己认识这个人，而这个人则因先前几次的相遇而对我们具有某种意义。

反之有自闭迹象的人会出现极大量的眼球震颤现象，显示他们会“吸收”（也就是极精确地感知）一切事物。他们无法连贯各个体验，这是因为在感知过程之后并未产生个人情感之故，所以他们也无法建构任何概念，因为概念的形成首先需要感受到一种意义。

在《自由的哲学》（Philosophie der Freiheit）中，鲁道夫·斯坦纳阐述了第一与第二个过程，内容如下：

“有别于从外界被提供给我们的感官内容，思维内容则会显现在内部，我们将它最初出现时的形状称为直觉，此乃针对思考的，而之于感官者则称为观察。直觉与观察乃是我们认知的源头。只要我们的内心没有对应的直觉来填补感知过程中所缺少的现实区块，就会一直对我们在这世界上所观察的事物感到陌生……这个人就无法领悟完整的现实……我们透过思考将一切因为感知而遭切割的事物重新拼凑成一体。”

“一个缺乏直觉能力的人不擅长获取经验，因为他欠缺能够与之联结的各种概念，所以他的视野会再次错过这些物体……但我们并不满足于借助思考来联结感官与概念，而还要将它们与我们的主观性——即我们个人的我——联结。在有兴趣与无兴趣状态中的感受就是表现这种个体性的关系……思考这项元素，我们透过它来参与宇宙的一般发展过程；而感受这项元素，我们能透过它来退回到自身本质的狭窄处之中。”

论第二个生命过程“适应”

请你保持同理的态度来感同身受：因为你已看遍了所有细节，所以不会向自己解释刚刚看到了什么，你“找”不到这对你所代表的意义，无法退回你的内心去感受，因此也无法建构出任何直觉概念！

比如说当你在夜晚听到一种不认识的声响，它有何影响？恐惧？当你能够解释那是树枝打在窗户上，当你可以透过直觉从过往经验中建构出一个概念时："那是梨树枝叶间的风声！"你的内心会出现何种感受？是否会松一口气然后安心下来？

请想象你在另一晚再度听到不明的声响，遗憾的是在经过长久恐惧地聆听后你得出了"小偷"这个概念！这会对你造成什么影响？知道那究竟是何物让我回过神来，我会产生明确的恐惧，但不会再有这种闪烁不安的恐慌感。但是一个患有自闭倾向的人会因为无法成功联结自己的过往经验，也无法从感受到的直觉中建立起一个概念，而陷入闪烁不安的恐慌状态。

以下是因为未能形成直觉性的概念之故，而无法成功地与过往经验联结的另外一例：一个迄今鲜少有与狗接触之个人经验的孩子，当他看到一只狗，之后又看过一只接着一只的狗，便不会这么紧张，因为这对他来说始终都是同样的情况。

然而身为有自闭迹象同时也一样很少有接触狗的个人经验的人，我会过度仔细地观看一只狗。而因为我已经看遍了所有细节，所以不必对自己解释那是什么东西，我不会发展出任何情感，也不会因此获得任何与自身经验之间的关系，我无法进行概括、不能形成"狗"这个直觉概念。当我看到第二只狗时会再度精确地"扫描"它，看遍所有细节，不需对自己解释刚刚看到了什么，所以不会产生例如"又一只狗！"的概念，故也会缺乏"我早就知道了"这种令人安心的感受。

每回对一种全新本质的感知都会占据我的全身，我会遭到淹没而感到恐惧。你了解我现在为什么必须要数石头、拍打那个信箱或重复某些字吗？这仅是为了安抚我自己而已，然而我完全就在使用"狗"这个字，只不过并没有人察觉到这点。

论第三个与第四个生命过程“克服 / 饮食”以及“排泄”

由于第二个“适应”过程已然失败，第三个与第四个过程自然也无法成功。我无法消化所吸收的东西并将不属于我的排泄掉。来自康斯坦斯的波尔（Pohl）教授在黑尔德克介绍他的研究成果，结果显示就算利用有机食品来喂养，自闭症小孩还是会遭受汞以及重金属毒害之苦。若我们假设第三个过程“克服”以及第四个过程“排泄”在他们身上未能发挥全效，那么此结果并不令人惊讶。

我们在研究所的观察显示，许多具有自闭迹象的人常在不自觉的情况下承受食物不耐性之苦。他们无法成功克服所吸收物质的异质性：不耐谷物、牛乳蛋白与乳糖以及许多本身是健康性的食品。他们不会出现皮疹反应，却永远觉得自己的新陈代谢有点不舒服，还会呈现对周遭状况的适应力减弱。

请你试着回到自己上一次胃肠失调时的生命感受中，你的宽容限度有多大，你对其他人做出何种反应？或许你只想要一个人静静？

自闭症者身上显然也会出现缺乏微量元素的症状，例如镁、硒、钙与维生素 B_6/B_{12} 等等。唐娜·威廉斯（Donna Williams）是一位因其书籍而知名的澳大利亚人，她在童年、青少年与青年期都曾苦于未被检验出来的亚斯伯格综合征（Asperger-Syndrom）。她在一场布里斯托的公开演说结束之后回答了“到底什么东西才能真正帮助到她”这个问题，她说：“我知道在座的许多治疗师并不乐意听见，但答案是我的镁药片。我曾极度缺乏镁，但从未有人察觉到这点。”

给治疗教育学课程专家的备忘录

另一个来自康斯坦斯大学的有趣研究结果显示，80% 患有自闭症的人拥有深色头发、深色眼睛以及黝黑的肤色，因此他们会被归类为“充满铁质”的图像。这些人因未能进行“新陈代谢”而无法忘记想法，他们的各种想法维持着整体形式，并像强迫性的思维一样紧抓着他们不放。BLI 研究所的观察结果也证实了这项事实。

我们最新的观察显示那剩下 20% 的人属于两极性另一端“充满硫质”的图像，然而我们的观察时间还不够长。伴随此倾向的人会强烈地“消化”想法，以至于仅有极小的部分残余下来，故在回忆过程中仅能重组出残缺片段而已。

人们会想要将这两极化的片面性状态归类为自闭症谱系中“过度醒觉”与“过于想睡”的倾向，然而实际情况却要复杂得多。

第五、六、七个过程“再生”“成长”与“新生”同样无法顺利进行，因为前提是前四个过程也必须成功

经长年观察发现，第一过程中的完美感知仿佛会直接反映与复制在第七过程之中。突显出自闭症谱系患者与众不同的特点在于那不寻常的能力，他们能够记得一切所吸收的事物并同时“立体性”地在自身内进行感知，但他们无法将事物归纳进层层堆叠的时间发展过程之中。个人感知与体验无法被整合至概念性以及个人意义关联性之中，也无法成功在遗忘过程中将对自己个人而言不重要的东西“排泄”掉，而一切事物都保持着客观性，在毫无评判性评价与时间性归纳的情况下并列着。

他们缺乏对过程的信赖感。自闭症谱系患者无法迈出并融入未知的这一步，他们缺乏基本信任，不相信事情会始终不断持续进展。

他们因此常常难以面对过渡阶段，此处的原因也要在七大生命过程之中探寻，我们以睡眠为例：一开始我还是清醒的，接着出现过渡期与梦境期，此处所发生的失去控制状态是自闭症谱系患者所无法忍受的，唯独历经此过程我才会陷入沉睡，意识才会彻底地离开，而苏醒也是一种类似的过程。由于这些人几乎无法忍受此过程，所以他们经常难以入眠。

此过程的物理基础

即使未具备这些特殊知识，你仍能了解所有的事物。

自律神经系统在深层的无意识状态下工作，它从头部到骶骨遍布着我们的身体，并借由其分支直达每根手指与脚趾。当人打开腹腔时不只会看到器官，也会看到自律神经链接。从机能来看，自律神经系统由两大极端作用的部分所

构成，即交感神经与副交感神经。

交感神经从颅部下视丘开始，途经脑干延伸至网状结构，并从该处沿着脊椎往下不断构成束状的“神经丛”，经平滑肌、血管、腺体，最后直达骶骨。

交感神经负责瞳孔的放大、支气管的扩张、心脏活动的加速、血压的上升、骨骼肌的血液循环以及葡萄糖分泌与新陈代谢活动的增强。它会在男性高潮时造成射精。它会抑制肠子活动、尿意与腺体的分泌作用，还会导致生命体效能提升，以实行攻击或逃避行为。

副交感神经透过负责“眼球运动”“脸部肌肉”“喉头—咽喉—舌头肌肉”与“味觉感受”的四大脑神经来工作。

副交感神经作为迷走神经的一部分而与所有内部器官以及血液循环结合。它负责提升消化作用，增强黏液、唾液、胰液与胆汁的分泌。它在肝脏中提高肝醣形成、增加尿液产生以带来尿意，并会导致男人勃起。它还会抑制心跳与脉搏的频率、收缩支气管并减少汗水分泌，也会引发再生作用、平静、放松以及健康的食欲和睡眠。

假如我本质可顺利渗透进新陈代谢过程中，那么正在健康发育的孩子将体验到深层无意识的基本生命感受：一切生命皆为过程、改变与转化，我只需将被提供给我的东西吸收再加以微调，使其适应我的身体环境（例如我必须咀嚼），而其余的一切自然会被赠予给我。我蕴藏在转化与改变之中，它会维护着一切，而我感到舒适，事情进展顺利，并形成基本信赖感。

在社交层面上，早在幼年阶段我就已经利用成长中的思想觉来感知与帮忙，并且透过游戏的方式来模仿与感受一切有意义的典型人类家务、工作场域与园艺工作过程：“我理解世界，也能依循自己的意志来改变它。”因此在孩子体内会形成我们称之为应变能力与一致性的特质。

假如生命过程以及随后的生命与思想觉无法顺利发育成熟的话，我的体内会感到不舒服，我会潜在地感受到自己的消化过程，也会有放松、睡眠与进食等节律性的问题。

我有办法详细地重复所有听到过的东西，因此别人会认为我比实际上还要聪明。虽然我有办法好好说话，但我说起话来像是“一字一字打印出来”的一样，或是根本不开口（缄默症，Mutismus），或者我只跟特定的人说话（选择性缄默症）。

我要很努力才能理解他人的行为与思路，常人的日常生活游戏规则对我更是难以理解。即便我很聪明且擅于独立思考，但人们必须为我解释此领域中的一切。

至于无法在体内找到的依靠，我将会转而往身体之外寻找：我有心爱的衣服与喜爱的活动，这往往是种独特兴趣，有时则是对音乐或绘画的特殊天赋。我喜欢房内的东西以及一切事物总是固定地排列，还有每一天或每一周都是固定的进展。正因如此，相较于周末或假期，我有时还比较喜欢在幼儿园或学校的时间。

在社交生活中我无法了解他人在做什么和想什么，他们心中在盘算什么，他们的表情、表达同意或拒绝的微小记号，我全都无法感知。相较于同侪，我更能理解科学论文。

我特别害怕孩子，因为他们“无法事先计划”，总会冒出新念头，也不会听我的话做事。我喜欢与小孩玩，因为他们会听我的话，因为唯有如此我才会感到安全，或是我喜欢与年纪较大的孩子玩，因为他们会告诉我该做什么，还会对我的能力以及我那令人吃惊的乐高积木或火车铁道等建筑感到印象深刻。有时我也会配合做我根本不想做的事情，这个时候我并不快乐，我害怕说出自己想要的东西。

你现在了解我为什么会害怕每个改变，并迫切需要让一切维持不变，以便让自己得以在周围这团难以理解的混乱中存活下来。我就像一只水中的旱鸭子一样地害怕生命。

下面我们将试着根据长久的经验来回答那些我们会一再遇到的问题。我们在 BLI 中所认识的孩子大部分是呈现出“过度清醒、无法睡眠与进食、极度擅于感知”的倾向，因此我们为解决问题所付出的努力恐怕较适用于这类型的孩子，而非那些“过度想睡、常吃太多并且如梦境般感知”的孩子。

问题——问题——问题——问题

“抽动症”有何种意义？

请你将文章先抛到一旁，然后有节奏地眨眼两分钟。让这个同理小练习对你产生的作用能形成回响。你是否感到所有的外在感知仿佛都遭到消除，取而代之的是因闭眼而产生的自我感知？可惜这不是下端的流所送来给我的那种以无意识方式感知与滋养着自己的安全感，但不论如何这都是种安抚人心的自我感知。带有贬义的“抽动症”称呼经证实其实是错误的，它应该被称作“急救措施”。

为何会对自己与他人出现暴力情形

因为自闭症者相当害怕！任何的改变、过渡期、新事物就像会淹死他们一样，所以他们会抓住一切飘过身边的东西，因为他们想要获救！可是有时这不透过暴力与侵略行为是无法办到的，他们也时常承受许多事物。当用来承受意料之外的新事物的力量全部用尽时，整个压抑的愤怒才会作为对自己或他人的侵略行为开始向外倾泄。其对象经常是熟悉的人，因为他们可以确定这些人能够原谅与理解自己，而且尽管如此还能继续喜欢自己。

为什么有自闭倾向的人难以对自己的行为负责？

基于人类学观点的自我责任感发展过程

鲁道夫·斯坦纳论述“我”本质从出生直到 21 岁这段时间会如何越来越深刻地与孩子的心魂与身体层面结合。

学龄前阶段

下端的力量流——胚胎期胎盘与羊膜囊的形成系源自于此力量流——会在出生后产生极强的作用，它负责合成与生长。而随着第一次呼吸以及首度对寒冷与光的感知，上端的流也开始发挥作用。所有无意识的感知，包括触觉、生命觉、自我运动与平衡觉等意志身体感官（Willens-Körpersinne）会帮助孩子稳定下端之流，并将上端之流入住在人的无意识意志之中。

透过气味、不同的细微口味差异、视觉印象与冷暖等世界感官（Weltsinne）的体验过程会让孩子认识世界。借由身体感官逐渐发育成熟而成为上端社交感觉的器官，我会熟悉不断重复遇到的人（自我觉），越来越能透过模仿来感知他们工作的意义（思想觉），聆听他们的声音（听觉）以及对他们的话语产生共鸣（语言觉）。我将注意力集中在自己感兴趣的人身上，模仿其声音、话语，并在游戏中模仿其行为的意义。

假如两股流皆能发展成熟——上端之流透过“社交感官”的成熟，下端之流则借由成熟的身体意志觉——那么在无意识的存有感与有意识的环境感知之间就会形成一个平衡局势。我会在自己的行为中感觉到自身，并透过模仿来体验，我也会从最根本的层面来体验行为及其影响。

在下端无意识进行着自我体验，在上端有意识地将自身与他人连贯起来，这两道“我”之流会在3岁时于头部内相遇：孩子会说“我”与“独自”，并在这一时期，脱离与母亲之间理所当然的共生关系；同时他会透过历时约六个月的叛逆现象来踏出更加独立自主与对自我负责的第一步。

假如孩子一方面能透过无意识身体感官的发育成熟来利用密集的自我感知，而另一方面又可透过对熟悉者的模仿“工作”而在第一个七年中发展出“我了解世界而且我可以相当有本事”的感受，这便形成了稳定的健康以及在失败后能有毫不气馁从头开始的能力所需的基础。

学龄阶段

当孩子一方面能有自信另一方面又能对其他儿童与教师有所感知的情况下进入学校，便能以轻松的注意力来听故事、练习文化技能，并透过多样的艺术活动来开展其心魂生命。

约在9岁时两股我流会在人体中部的节律系统相遇。这会引起孩子的一种分割以及“自立自强”的感受，对于自身、对家长以及教育者的眼光会更有距离，故也更实际些。我的母亲不再是最美丽的，我的父亲不再是最强壮的，而我亲爱的女老师不再永远是对的。我开始发展一种对自己以及其他人的实际眼光。

而具有片面性情况的孩子要到此时才会明确意识到他们的残疾，这有时是相当痛苦的。

青少年时期

假如心魂能够透过适龄的广泛刺激、适当的自我责任感与独立自主性而继续发展，再加上伴随性成熟以及地球成熟（Erdenreife）而日益增强的现实感官，“我”现在将能够入住在新陈代谢系统、自律神经系统以及太阳神经丛之中。鲁道夫·斯坦纳讲述了“我”在自律神经系统中这种必要的“束缚”。唯有当上端的“我”之流在新陈代谢过程中遇到下端的“我”之流，人才有办法为自己的行为完全负责，“松绑”现象可能会引发暴力行为或自我毁灭的举止。在14到21岁之间，青少年可借由熟悉的成年人的协助来慢慢为自己的行为负责。他能够有意识地不去做某件事，因为他事先已能意识到不良的后果。

针对自我责任感的大脑研究结果

由汉斯·尤尔根·休尔勒（Hans Jürgen Scheurle）所汇整的最新神经研究证实了以下事实：在我们开始做某事之前，所有相关必要的脑区早已工作起来，这使许多研究员衍生出我们普遍不自由的解读。重复性的活动会更早“点燃”相关脑区，“我们在思考前就开始行动了”。我们往往处在毫无清醒意识的状态下完成日常生活事务，所以也倾向于“不自由”。当我们不做某事、不说某事、不大声斥喝或打其他人时，我们的自由才会开始！

额叶与颞叶晚至青春期才发育成熟，它们在神经层面上负责将众多同时发生的感知过程与有意识地抑制上涨之意志冲动行为进行有意识的网络化，因此在正常发展下能达到意志自由所需要的神经“工具”要到21岁才会形成。

德国刑法数十年来根据此经验数据所做的判例早已与上述研究结果达成一致。实务经验显示，绝大多数触犯刑法的青少年在日后有能力抑制反社会冲动时，他们也能过着正常的生活。只有对少数的人，犯法的经验才代表了长久犯罪生涯的起点。

这对患有自闭倾向的儿童与成人代表什么意思?

在 3 岁时的特性

下端我之流无法顺利透过身体感官的发育成熟（尤其是生命觉）而稳定化。而无法被下端之流抵销的上端之流会在欠缺良好安全感的情况下过早引发太多意识，于是就会产生“我是孤零零而被遗弃的”这种感受，而本应属于 9、10 岁的感受会在 3 岁时就已体验到。因为这种被遗弃感，所以不会出现 6 个月左右的剧烈叛逆期，也不会说出“我”来从母亲身上抽离。叛逆期没出现，“我”会早在两岁生日之前或比正常情况要晚的 3 岁生日之后被说出口，孩子与母亲之间的一种长期共生关系则持续下去，孩子会继续将母亲体验成自己的一部分，情况就类似于我们体验自己的手臂一样。因此这在专业语言中被称为：母亲被当作工具利用。当母亲做了某件不合孩子意的事情时，就会造成孩子的恐慌。请你想象一下身体的一部分（如你的腿）不听使唤，走到你完全不想要的地方去，你难道不会陷入害怕与恐慌中吗?

此外母亲也许是唯一一个真正了解这个孩子的人，正因如此，她也是孩子通往世界的钥匙。她是负责为孩子解释世界的人，也能够建立起孩子与世界之间的联系。所以许多自闭症者很感激他们的母亲长期肩负起这项任务，这对他们的生存可说是至关重要的。

日益增加的恐慌发作常被误解成叛逆与意志强度，这正是为什么有这类倾向的孩子在未经训练者的眼中会一直到 3 岁都从未引起过注意的原因；而即使在年纪较大以后，这种片面性仍常常被忽略，这是因为这些孩子往往特别可爱，而且相当能言善道。母亲常会被人以友善的言语规劝："小姐，假如你不放手的话，你的小孩如何能够发展？""稍加教养只会带给你的孩子好处！"或是"有这种时时刻刻与小孩讲话的智慧家长，养出这种孩子也不足为奇！"

假如家庭并未得到有目的性的早期协助的话，孩子永远学不会做好"自己的事"，以及让其他人去做"他的事"。为了不陷入恐慌，孩子始终必须找到一个"母亲共生关系的替代对象"，此对象会为孩子建立与世界的联系、能理解孩子并因而能带给他安全感。这个对象可以是幼儿园老师、一个特殊的朋友、学校老师、伴侣或是社交治疗师，他一定要如同孩子的手一样按照孩子的意思行动。而只要我们不理解孩子为什么必须采取这种行为，肩负此任务的人就会觉得这完全就是种专制与强横的态度。每个婴儿对母亲的期待在没有被克服的情况下就会被转移到其他熟悉的人身上，这可能会让所有人都相当辛苦。

由于生命觉未发育成熟，负责我的思想觉或概念觉的器官也会跟着缺乏。我无法设身处地思考、感受、理解他人的行为与思路。在没有额外的智力残疾的状况下，我能顺利地独立思考，然而我的思维与感受不会因他人多元的故事与思维而丰沃，因此我的心魂缺乏发育成熟所需的养分。我会沉溺在我的特殊兴趣中，而且我在此领域中所向无敌，我的特殊专业技能与本事会带给我安全感。

9 岁左右的特性

我的恐惧会因为 9 岁开始出现的距离感现象而继续增加，而感到自己与他人不同的感受以及陌生感变得更加难以克服，我变得相当寂寞。我很难交到朋友，因为游戏中与运动中的身体接触在这个年纪仍相当重要，对此我一点也不在行，因为"我"在我的体内并没有真正在家的感觉。

青春期的特性

在接下来几年中我的性发育成熟，并且无助地任随其产生的冲动摆布，我必须再度夺回我那已然转变的身体。这有时相当地艰难而可能形成厌食症，或是染上毒瘾或沉迷电脑。有时当我碰到与朋友有关的事情时，我的情况反而会有所改善，因为目前的重点在于讨论与谈话，这些是我在行的。我比较无法理解的是围绕着情感的闲聊：我完全无法理解谁正在喜欢谁以及跟谁在一起这些事情。

在 21 岁时我的“我”无法入住在太阳神经丛内，我无法抑制对自己与他人的暴力冲动，并殷切期盼其他人能理解，这些发作其实是无比无助与恐慌的表现，而不是蛮横专制与施展权力的表现。

最新研究证实这件事情的看法，并在患有亚斯伯格综合征或高功能自闭症与自闭症的青少年身上发现了严重成熟迟缓或颞叶与额叶（冲动抑制作用）发育不成熟等现象。

总结

自闭症者苛求完美与其常见的天才天赋，这一方面使他们在专门领域中能达成最高的成就，但另一方面“正常人”们则必须不断“翻译”他们的各种情况并协助平衡局面以防止冲突，以及忍受他们欠缺弹性，还要应付他们对一般的疏忽与不完美所表现出的过度要求，甚至批评与不近人情。出现片面性的情况者无法自行取得平衡而会对他人造成苛求，偶尔还会留下痛苦的伤口。

片面倾向者能做许多事情，然而却难以学会放手，他好像被迫做着那些会让自己精疲力竭以及对他人造成痛苦的事情。但唯有透过学会放手，他才有可能自由并且对自己负责。

我们该做什么？

我如何能激发永续疗愈的过程？

鲁道夫·斯坦纳讲述了四大层次的作用节律。本研究所的医疗经验也证实了重视这些节律有多么重要。

我的本质是生命意图的载体，并替我过滤重要事物

假如我们想要激发我的本质与其他层次以及地球各元素之间的结合，还有促进与他人之间的联系的话，我们必须根据日节律来工作。改善昼夜节律为第一步，第二步是必须每天练习。

心魂本质为兴趣、厌恶与喜好的载体

假如我们想处理与统整心魂体验的话，我们需要周节律，包括在学习疗法中、在游戏疗法中、在关系治疗中、在生命史工作中以及在以解决问题为目标的工作与心理治疗中等等。

生命力本质、再生力量、记忆力

假如我们想触及生命过程与再生力量的范围并改变我们的生活习惯的话，就必须按照月球二十八天的节律，每天都做些疗愈性的事情，因此各种疗程始终历时四周，一次真正具有再生效应的休假也是历时四周。我们会在一至两周的时间内提振我们的心魂，但无法振奋我们的生命力量。假如没机会接受疗养，那么我们可以转为连续二十八天，每晚有刚好 7.2 小时的睡眠，并借此建立与太阳节律的联结。

幼儿园内的晨圈律动（Rythmischer Reigen）与“讲故事”，以及华德福学校内的“节律性的开始”与“周期课程”都持续四周，为的是让所吸收事物能彻底经由生命过程而个体化，进而滋养孩子。假如我们想在生命觉片面性的领域中工作，此节律似乎非常重要。

物质体、感觉器官、神经与大脑

假如我们想让疗愈作用深入物质身体与人体的神经感官系统，并诱发突触联结、髓鞘化、神经通道的改变以及大脑部位的网络化的话，我们必须在整整一年中的每天都做新的事情。

具备年周期的有意识生命

有人说在烹饪锅中，夏天放番茄与豆子，冬天放冬季蔬菜。每逢年节都是反复的仪式，它们能对我们的身体健康形成稳定的作用。

这样我们也能明白当失去某人而伤痛“入骨”时，我们为何需要一年的丧期，而处理哀痛对于健康又是何等的重要。

更新、总是更加地成为我自己

我们依循着七年节律来再生所有细胞，并脱胎换骨。在生命史层面上，每七年听起来就像一个新的发展任务一样，还有能力也跟着成长，能总是以新的角度来看待这个世界。

我如何强化存有的安全感与舒适感?

我确保新陈代谢过程中能有更多的平静

我利用生物共振、肌动学或血液测试来找出我对哪些食物不耐受。较轻微的不耐性常可被克服，而状况显著时我就一年不让那种食物出现在家里，遇到宴会、邀请与偶而为之的餐厅外食可以放心地吃它们，在经过一年之后我的机体应该已平复到可以再次接受所有食物。然而某些案例中不耐性的情况会持续存在，而必须继续避免这种食物。

由于这些人的上端感官印象可能会未经过滤而渗入新陈代谢中，因此大幅减少感官刺激有助于新陈代谢的恢复与疗愈。

我确保微量元素与维生素的供应充足

我可以透过简单的血液检查来确认我的硒、镁、钙、维生素 B6 与维生素 B12 缺乏现象，反之要改变此状态有时并非那么容易而会需要顺势疗法的震荡稀释药物，因为我们往往不是营养不良，而是吸收能力受阻。

针对身体各种过程中的镁、钾作用注释

镁参与超过三百种的酶过程。此处我们试着描述与我们主题有关的重点：

- 活动提升时细胞所吸收的钠会增加，缺镁时这些钠无法在活动阶段过后从体细胞被分离出来，从而再次降低细胞的兴奋状态。
- 细胞无法在此阶段吸收钾，进而形成额外的缺钾现象，这会导致慢性疲劳、头痛、晕眩、心律干扰、便秘以及蛋白质合成与醣类能量转换等过程的困难。心魂层面的后果则可能出现抑郁与精神病发作。
- 肾脏需要镁来排泄毒素以及新陈代谢最终产物。
- 镁会阻止压力激素、肾上腺素与去甲基肾上腺素的过度分布。

针对硒与维生素 B6/12 缺乏现象的注释

- 器官需要硒来维持良好运作。
- 一般认为硒会保护大脑不受神经毒素的伤害。
- 一般认为硒会降低罹患癌症或自主免疫失调疾病的风险。
- 缺少维生素 B6 会导致焦虑症。
- 缺少维生素 B12 会导致红细胞数量不足以及大脑内的功能障碍。

我确保重金属毒素的排除

各种缺乏情形加上轻微重金属中毒现象能够透过毛发分析来确认，也能借由相应的顺势疗法来加以排除。

利他能会对这些孩子产生安抚作用吗?

与因运动片面性而过动的孩子不同，利他能（注：一种类安非他命的药物）对因为自律神经失衡而不安的孩子无效。相反地，它会更加削弱再生力量并因此造成适得其反的作用。

我确保在所有基础感官中的感知行为

请你确保孩子能够不断获得充足的触觉感官印象，你可以尽可能多按压他，与他进行游戏竞赛，睡觉时帮他盖上厚重的棉被。触觉印象会传递存有感。

请你也同样确保运动觉与平衡觉获得充分的体验：多陪你的孩子走路、攀爬与荡秋千。这不仅会提供自信，更会确保你的孩子能按自己年龄与他人产生联系，而不仅仅是透过谈话！

透过泡澡与按摩来提升舒适感

我们在研究所中相当重视具有抚慰作用的律动按摩以及分散精油浴或高温浴。

在进行这些身体疗法前必须先谨慎建立关系，否则患者会拒绝或只是忍受这些疗法，这样的治疗并无效果，因为太多力量被花费在忍受的动作上，使得预期作用无法发挥。对重度自闭障碍症状，这种建立关系的过程可能长达一年。

透过人智医学的帮助，参照蕾娜塔·威斯普勒尔医师的文章

我确保能有规律的睡眠节奏

建立起明确的昼夜节律是极为重要的。即使夜间失眠也要在习惯的时间起床并开始这一天，这是对付睡眠障碍的最佳方法。清楚的进食节律加上晚餐吃轻食，以避免妨碍睡眠，也会有辅助效果。

温暖的腹带与足浴能收奇效。一段可靠的晚间仪式加上重复的故事与图画书，还有爸爸妈妈全心陪着孩子回顾白天的体验，这都会有安定的效果。如果你相信天使则可呼唤守护天使，这样孩子就会知道不只有你在守护着他。

做噩梦时请你呼唤“食梦精灵”（Traumfresserchen），这是米迦勒·恩德（Michael Ende）的创作：

“食梦精灵，食梦精灵，带着小牛角刀来了，带着小玻璃叉来了，张开你喀喀作响的小嘴喙，那些惊吓孩子的梦，快快津津有味地吃掉它们，但那些甜美、美妙的梦是我的，请放过它们！食梦精灵，食梦精灵，我邀请你！”

你听到它轻轻的笑声了吗？它来了！

请你不要试着叫孩子不要怕，因为他会觉得没被认真对待，反之请告诉他：有一种力量能够保护他，使他不被可怕的梦境、强盗、火焰以及野生动物伤害。当他不害怕时，你再离开房间，请你在隔壁清洁浴室、厨房，同时请轻声唱歌与敲打，这能安抚你的孩子。请你不要在孩子身边睡着，而现在你迫切需要的是与另一半在下班后好好地休息，这是你们应得的。

假如孩子因为害怕某些声响或怪物而睡不着或在夜间醒来，先请他仔细描述这些东西，然后你再呼唤有帮助的天使来保护他，接着恐惧往往就会过去。

对较大的孩子，你晚间也可以对白天进行回顾，如果可能的话，请按照倒叙顺序回顾。此时请你不要问哪件事是美妙的，请保持客观与实际，你要问："你喜欢哪件事？"

当孩子在夜间醒来，请尽可能少关心他。没有任何一个孩子在十个月大时还会需要一瓶牛奶或茶。请让你的孩子在白天饮食，在夜晚睡觉。

假如你的孩子早上很早醒来，请一方面用睡袋来确保若他比你早起床的话不致着凉，另一方面请你确保自己的睡眠，它是神圣的！

假如你的孩子晚间没睡好，尽管如此，还是请你早上再叫醒他，这样他才不会失去健康的昼夜节律。

另一个对入睡与连续睡眠的帮助是眼罩与耳塞。

我如何面对偏食？

孩子喜欢熟悉的浓度与口味。蔬菜常常只会生吃，因为这样浓度与口味几乎跟上次吃的时候一样，假如蔬菜被煮过与调味，几乎每次尝起来都会有些不同。因此意大利面也较适合加番茄酱与成品酱汁吃，还请你控制每次煮面的时间要一样久，煮面时也要用相同的温度。你能秉持着同理心设身处地想象这种对意外的恐惧吗？基于这种同理心，你可以安心与肯定地要求孩子尝满满一汤匙的新菜肴。人们应该从小就谨慎培养这个习惯，因为这能省却日后的许多麻烦。对幼童助益良多的是可以在星期天总是给他 A 食物，而星期一总是给他 B 菜肴。

约从 9 岁起便可以有目的地练习把新东西加入菜单中。请与你的孩子讨论该加入什么东西、加在哪一餐、哪一天以及应该跟谁"练习"，请你设计出一项共同“计划”。如此一来往往就能顺利让孩子慢慢接受吃新的东西，这对学校餐、即将到来的班级旅游与生日等都相当重要。

正餐之间不该吃任何东西。对许多人而言，经过四到五个钟头后再吃东西是很重要的事情，因为他们真的饿了，并且想吃些“正经”的东西。而另外一些人则倾向需要在习惯的时间吃四到五顿分量较少的正餐。

假如孩子固定帮忙做饭，也会发展出对新食物的兴趣。假如他每晚都切甜椒，他也会想尝尝看这是什么味道。

也请你避免让孩子用牛奶与可可亚来填饱肚子，而不依照年龄来适当饮食。

我如何面对不寻常的衣物渴望

我们麻木的“正常人”完全无法想象衣物上会造成干扰的一切情况：一处接缝、错误部位的一道皱褶、颜色、裤子与上衣的颜色搭配、“令人恶心”的原料、气味、一道不规则的缝线、一个小标牌、一个小破洞、衣物会增温或太紧，而我也因此感知到我自己、感知到新的东西。“对我来说，习惯就是美。”一位女性朋友这样告诉我。我穿了觉得舒服的衣物会带来更多的舒适感。

你已经发现到人们必须在此找到一条共同的途径，一方面能秉持同理心，另一方面又要能满足天候与场合的要求。

我们的经验显示，衣柜只应有符合季节的“心爱衣物”。不受欢迎或太小的衣服会遭汰换或送人，太大、太暖或太凉的衣物会被存放在拿不到的地方，只会保留必要的数量。

你会接受孩子虽然并非总是穿得“漂漂亮亮”，但却舒适，这会省去许多麻烦！

孩子开始上学后你有时必须保护他们不受他人言论的伤害，这些人觉得你的孩子总是穿着同一件衣物或执着于某些穿搭很奇怪，请你理解并支持你的孩子。请冷静面对你有时需要在晚上洗孩子心爱的裤子，如此一来晨间的行程才能进展得顺利些。

此外请你考虑到有这类倾向的人，尽管天寒地冻他们有时还是想全身脱个精光，他们并不知道自己的情况好不好。因此其他人必须负责保持正确温度并借以确保身体的舒适感。

隔天的衣物要在晚上按照正确顺序摆好，或甚至按照正确顺序夹在一条短绳上。

你可让你幼小孩子的背靠在你肚子上，将他放在你张开的双腿之间的地板上，接着吟诵一首老童谣来帮孩子穿衣服：

> “大家好，我们今天要做什么？
> 首先穿衣服！
> 右腿、左腿，奥托（Otto）套上了内裤。
> 右臂、左臂，嗯，小衬衫是多么温暖。
> 然后接着……
> 右鞋、左鞋，妈妈或爸爸绑鞋带。
> 你们大家，看我今天多漂亮！”

穿衣服也能很有趣！之后你提着一小篮衣物到先前的位置，只需偶尔鼓励性地说“右臂……”。请你不要过早期待孩子能完全独立在他房内着衣。

上学的孩子必须经常体验到，假如他早上根本不想好好穿衣服的话就会迟到或要穿着睡衣上学，而一旦此经验出现令人不愉快的情况时，往后早上的情形就会有所改善。

我如何与自己以及其他人建立联系？

首要前提是能在自己的身体中体验到更多的舒适感！

你是榜样吗？

“像爱你自己一样地爱身边的人”，看着你自己，仿佛你正在进行一段强迫性的仪式一样，请继续对着自己亲切微笑并做些截然不同的事情。不要试着戒掉某些习惯，那非常困难！请做些新的事情！“比起开始新事物，放弃旧有的东西要困难多了”，史蒂夫·德·沙泽尔（Steve de Shazer）在其《找到解决方法》（Lösungen-finden）一书中如是说道。

当你与自己练习过一阵子这种友善的相处方式后，就可以透过扶持的方式将它提供给其他人。

『同步到引导』

同步

我兴致盎然地参与自闭倾向者所做之事，例如“转盘子”，他可能会因为我如此地笨拙而笑，我们在相同层面取得联系，并且一起转一阵子。接着我滚动那个盘子，他过了一会儿也有样学样，我们共同创造出一个使两人都开心的新游戏。

引导

接着我们做我所建议的活动：我们一起烘焙东西。因为我对你的主意感兴趣并一同进入你的世界中，所以你也更能认同我的主意，你觉得自己被人看见，现在你也能看到我，充满信任地跟着踏入我的世界一步。

其他例子

你尖叫着踹门，我跟着做。我或许会问：“有谁能叫得更大声以及踢得更重？”我们有一个共同的游戏。你感到惊讶、停下动作，我们有了联系然后大笑并且做其他的事情。

或是你将枕头完美准确地堆叠起来，我尝试后却徒劳无功。你看着我，呆呆地对我微笑，也许会协助我。我们有了联系并找到了新的共同游戏构思。

利用乐器进行对话也很有帮助，但请不要拿总是有些走调的乐器。许多这类孩子是相当有音乐天分的，你吹一段，我回应你，你回应我，彼此相和。

而与洋娃娃的间接非言语对话也相当有帮助。我给你的娃娃看某样东西，我们一起看这个东西，你也给我的娃娃看某样东西。

参与：参加—协助—融入

具有弹性感意味着我理解世界，并能在其中发挥效力。自闭症谱系中的孩子始终感觉自己无法理解“正常人”的世界，而且周遭的一切都在评断着自己的头脑。成人对自闭症者的参与行为并不会影响到自身的权威，反而是要在参与的过程中充分与孩子对话。第一步应该要认真看待孩子的感受并将其化成言语，进而使孩子能更理想地感知自己的需求，同时也感觉自己有受到他人的感知。到第二步时才开始一起寻找解决方法，此时成人要负起全责来维持方法的实际性直到 18 岁，因为孩子在 14 到 21 岁之间才能学会完整地评估负面的影响。

参与共分四大发展阶段：

1. **资讯**：孩子会被告知所有与自己有关的讯息。

2. **共同讨论**：成人在做出一项决策前应先根据年龄来询问孩子的感受与愿望。

3. **共同决定**：孩子开始有机会选择自己想为解决方法付出些什么，还有他希望获得什么样的支持。

4. **自行决定**：孩子可在符合年龄的范围内自行决定。

下面我们要试着说明各种日常情况对自闭症谱系中的孩子与成人究竟代表了什么意思。

爸爸必须搬到另一个城市几年的时间

在学龄前年纪我们可以这样解决：

资讯阶段：我们购买一本相关主题的图画书或自己剪贴一本，主题会围绕另一个孩子的故事而展开，然后我们制作可动的图片，在一角画上我们的房子，在另一角则画上爸爸的新家。在这之间存在着一片天空，在地上有一条乡间小路或是铁轨，中间有段长长的间隙。我们画爸爸所搭的汽车、火车、飞机，把它剪下来然后在背面黏上一根杆子。接着我们画出家人并把所有人剪下来，爸爸在周日晚间一个接一个跟所有的家人道别、出发，然后周五再回来，我们共度一个美好的周末……有时我们所有人都会旅行去找爸爸……我们说出彼此的感受并认真看待它。

共同讨论阶段：假如搬家一事没有明确的必要性，家长可以透过游戏的方式找出孩子对这个改变的反应并将之纳入最终决定的考量中，"因为你很难过，所以爸爸决定不搬到别的城市去了"。

面对9岁左右开始的学龄儿童可以用下列方法解决：

资讯阶段：我们买一张清楚的国家地图，然后图像性地说明爸爸考虑要接受在另一个城市的工作，并给孩子看城市附近的照片。

共同讨论阶段：我们问你的感受，假如爸爸离开五天的话，你最想念什么？

共同决定要等到9岁左右以后才真正有意义，在这之前大人们只要考虑到孩子的需求来为他们做决定，孩子们就会很幸福了。

共同决定阶段：假如爸爸周一到周五不在家，那爸爸必须在周末以及假期陪你做什么，你才不会太难过呢？假如孩子哭着说什么都没用的话，那么家长就等待另一份工作；假如孩子提出可行的活动建议，那么家长要牢牢记住，不可失约。

自行决定则又进一步，要等到青少年年龄才真的有可能执行。在上述三个前行步骤：关于新城市、不同学校类型与休闲活动的详细资讯，共同讨论正负面之体验以及共同决定哪些是完全无法承受的事情之后，父母问："你比较想继续住在这边，只有周末见到爸爸，或是你觉得我们应该搬家？你能做些什么来让事情顺利发展？你需要我们做些什么来尽可能让你觉得好一些？"

透过这些对话，孩子会克服他们对失去掌控与改变的恐惧，并与其感受取得联系，而总有一天他们将能够透过言语加以表达。他们从父母那儿学习到如何既保持与自身感受的联系，又意识到对他人所造成之影响来下决定。

我们也同样能依据智力残疾状况来帮助自闭症谱系中的成人。患有亚斯伯格症而极度聪明的人同样需要这项协助，因为他们难以与自身情感建立联系，然而为了能做出符合自身的决定，我们不能仅询问我们的理智，也必须询问我们的感受。

我如何练习社交能力、对自身以及对他人感受的感知行为?

自闭症谱系中的人经常对自己在一场争执中所扮演的角色以及这对他人可能造成的影响缺乏感知。此时询问：“你们身在何处？在校园？哪个确切位置？你还有对方怎么样站着？看了什么？做了什么？多快？”会对上述情形相当有帮助。人们不多作描述，而直接以角色扮演的方式忠实还原当时情形的细节，让小孩去演示自己，而我则负责其他的角色。请你问清楚谁怎么站、怎么移动他的手臂与头、怎么看、动嘴、用什么声音说了哪些话！你说了什么？当你做这件事情的时候有什么感觉？请你重复孩子说的话，然后再问得更仔细些。接着，请交换角色，你扮演你的孩子，而你的孩子则扮演对方，现在请你说出你的感受，而你的孩子则说出他在他人的角色中的感受。你会对你的孩子当时的感受感到惊讶，并更能了解他，而处在他人角色中的孩子也会有同样的感受。假如你的孩子无法顺利变换角色，便请你不带任何情绪地告诉孩子，当你身处他人处境时会做何感想。孩子会感到惊讶，因为当时他并不知道他人有何感受。

请不断观看家庭相簿中的照片，然后共同回想你们当时在何处，看看是否还记得起来当时发生了什么事，当某人这样站立、观看与做出这些手势时为什么会有怎么样的感受等等。

请与你的孩子一起玩娃娃，手偶以及看起来像小孩的布娃娃尤其适合。

请你让娃娃代表另一个孩子来玩游戏，并以最温和的方式来进行另外一个孩子所做的事情：想一起玩、想改变游戏、生气、抢走某件东西、开心、友善、调皮……然后娃娃会像个真正的朋友一样不断地确保凡事顺利，不论如何我们都还是朋友。你的孩子会对娃娃相当不友善，请你绝不要对他的举止进行道德评价，这个娃娃非常地坚强，而你将看到它会变成你孩子的第一位朋友，他有时或许也能和它分享自己的感受。如此一来，你的孩子会在受保护的范围内锻炼出社交行为，而且总是基于真实的游戏，从不透过道德劝说的途径，时间一久他就能将个别的东西带进日常生活中。

假如你的孩子喜欢演戏，人们也能透过戏剧游戏来体验与练习“庞大的”感受。而对于某些不想出现在舞台上的孩子而言，娃娃游戏会更加合适。

唯有当我也能好好地感知自己时，我才有办法在社交层面上秉持着同理心来感同身受；只有那些我自己能认识的感受，我才有办法在他人身上感受得到。我始终是各种事物的指标，因为我不认识其他的指标，而这点适用于所有人。自闭症谱系患者的问题在于，他们难以感知、指明、归类自身感受，这一方面意味着他们虽有各种感受，但却无法将其归类，故也无法运用它们；另一方面他们则无法体谅他人的感受。

第一步必须要练习能更明确地获得自身感受，这点会需要熟识孩子的人去感觉并说出“你生气了”“那件事让你愤怒了”或是“你刚刚相当开心”。不要期待孩子去确认你说的话，而要期待他能感受自己的内心，仿佛在“扫描”着你说的话是否有切中其真正的感受，如此一来他将会更能意识到自己的感受。

当孩子以言语或手势的形式表达其感受时，请你首先必须确认这些感受，让你的孩子感觉自己有被人听到、看到与理解：“你遭到朋友的拒绝相当难过”“我们改装了客厅让你感到愤怒”或是“老师今天生病这件事刺激着你。”

如此一来会形成孩子与你之间的关系，而这种关系会在觉得自己被人看到的地方形成。

下一步请与你的孩子共同找出一个解决方法。请确保孩子跟你一起寻找，如此一来他才越来越能学习去感觉自己需要什么，而不仰赖你。唯有当孩子能感知并认真看到自身情绪时，他才有办法去感知其他人的情绪。请停止向你的孩子解释他人可能会有怎样的感受，以及在这个情况下人们也可能会有不同感受，这样会破坏你与孩子的关系，尤其是你会刺激孩子的感受！

请练习与你的孩子争吵

许多这类孩子不懂得如何与人争吵，他们对自己也缺乏肯定与自信，所以不敢争吵。争执与妥协的交涉会创造紧密的联系，接着他们会做出像移转动作（übersprungs-Handlung）的行为，他们并不喜欢这个情况，因此在家与你的孩子练习如何“争执”是相当重要的。请与孩子争论并非真正要紧的东西，选择某些身为家长的你无须领导的事物。比起争执，这更像是种捉弄。请示范给你的孩子看，争执也能带来乐趣，让他体验人们会在争吵过程中感受到自己，也会与他人密切交集。即便吵过架，但最后一切都会好转，甚至还会强化彼此的关系。

我能做些什么来理解游戏构思、游戏规则、讽刺与玩笑?

如你已了解的，孩子的生命觉以及思想觉并未发育成熟。你该做些什么以便让思想觉能更好地来理解他人的想法呢?

促进生命觉的成熟！因为成熟的生命觉是思想觉的器官，这是条漫漫长路，但绝非死路。

你肯定已试过不断重复解释同一件事实，有效果吗？没有！尽管如此，你仍不断尝试并惹自己生气。请你从新的角度下手！

请你透过身体舒适感与共同工作来开始这条漫漫长路，你将会一步步获得回报，孩子会渐渐理解游戏的构思与规则。

在你了解图像式的语言、讽刺与玩笑之前，这将是一段相当远的路。请你使用普劳恩（Plauen）的《父与子》（Vater und Sohn）简短漫画，在完全不加协助的情况下让你的孩子找出并且讲述故事的重点。你会难以相信你聪明的孩子竟无法领会漫画的“玩笑”，然后你会对他的弱点有更深的了解。要去理解某个擅于自行思考的人竟然没有能力感同身受地去理解他人的想法，这是相当困难的。

观赏这些漫画或是自己根据你孩子的生活来画些漫画，并共同考虑：“这边会发生什么事？字里行间要穿插些什么？”这有助于你的孩子在理解陌生思维的过程中能更加灵活。

面对年纪较大的孩子时，你可稍加回顾工作的成果：“饼干烘焙好了，我们一起观看它们，每片都不一样，为什么会这样，它们这样还算是好的吗？”

你练习某件事情然后观察哪个部分改变了，为什么？

让你的孩子独自找出答案，请尽量少协助，这会强化他对过程以及对参与改变的信任感。

我如何协助与兄弟姊妹间的相处?

根据我们的经验，没有任何发展协助比拥有弟妹这件事更有帮助。即使在弟妹出生后一开始会因为他们对母亲的极端依附关系而产生严重的嫉妒，但许多孩子都能成功与自己的弟妹一起追上发展的脚步。

对于弟妹而言，兄姊的控制欲会对他们造成困扰，而他们必须偶尔有自己独自的游戏时间。

至于最佳的争执调解方式，请你一手抱一个孩子——我们承认这在有三个孩子时会有些困难——并描述事情的经过以及每个人可能的感受：“这边有个人完全不能忍受他的兄弟也想要有台火车”，然后对另一方说：“而这边有个人却非常想要开火车”，接着再对另一方说：“有个人忘记他有多强壮，而弟弟现在被抓伤，哥哥并不想这么做”。请你带领“哥哥”稍微对伤口吹气与抚摸。

也许孩子们接下来可以平和地一起玩，否则的话请你将孩子分开或是陪着他们做所有的家事。对状况的评价与处罚毫无意义，因为“哥哥”并非是因为强壮而带有侵略性，而是在失去掌握的情况下感到无助。

请你始终要意识到，身为弟妹的孩子也很快就学会要做些什么事来惹怒兄姊并使他们失去控制。请你同样不要对其挑衅行为进行道德评价，而是要在不偏私的前提下终止此情形。

在有许多可供观察且不断重复之行为模式（它们包含了两个或更多家庭成员，并依据可预测之规律出现在每日与每周的家庭生活中）的环境中成长的孩子是较为健康的孩子。[亚伦·安东诺夫斯基（Aaron Antonowsky）]

我们如何能有趣又有意义地共度休闲时间与假期?

请将时间用在简单的人类原始活动上：准备食物、种植与采收蔬菜、没得选择时就在阳台盆栽中种植豆子；你们可以一起照顾动物、打磨与粉刷、缝补与修理、健行、捡拾木头、劈柴并生火煮东西。

经历过最初对新事物的厌恶与恐惧后会马上产生出乐趣。

请多陪你的孩子走路，同时尽可能少说话，而以多唱歌的方式来取代说话。两人共同用双手双脚来完成某件事会让亲子之间产生联结，孩子会体验到我会某件事，并且可以不依赖成人的称赞来增强其自尊心。

假如你的孩子想骑马，请提供他包含喂食、清理马粪、打扫马厩、刷毛、刮马蹄、马辔与马鞍的保养等全部套餐。也许你会有机会与孩子一起体验一只动物的出生与死亡，这是生命包罗万象的过程。

请你为假期找出一个“真正的”农场，它有许多不同的动物以及好心的农夫，坐落于海边或山中，傍着一个会让你喜欢每年都去那里避暑的湖。因为这样你的孩子可以期待来到熟悉地点而无须再去适应新的环境，在两度造访时你们可以从第一天就开始享受假期。可能的话，请你停留四周的时间，好让整个家庭能够恢复活力，因为照顾有片面倾向的孩子要耗费许多精力。请你考虑到虽然人生漫长但是身为家长的时间短暂，你之后还会有机会自己去进行其他多姿多彩的旅行。

有意义的促进沟通与语言治疗是什么样子呢？

有发音困难的情况

你的孩子试着与你说话，但却无法顺利发出子音？

那么他有因幼儿期活动模式所导致的负荷，其运动重点还不在臂部区域，而是像幼童一样在颈部区域。他的运动或许已趋精细灵巧，但其用力程度与速度并未全然符合现状。你可以协助孩子，借助 BLI（Bernard Lievegoed Institut）的具体化概念（Embodiment-Konzept）来促进其自我运动觉的成熟，而发音将会自然而然地改善。请你不要训练发音与词汇！这类孩子必须透过身体运动体验来学习话语。

有逃避沟通的情况

你的孩子会逃避与你或其他人说话，因为与他人接触仍会令他感到恐惧？

这类孩子往往可以完美说话，但说话却会让他们过于恐惧。当我们与一个孩子工作，并且想明确地建构其身体舒适感来让他感觉更安定时，可能会一再地体验到孩子仿佛若无其事地突然与我们说话，此刻我们不可以显露我们的快乐惊喜，否则孩子会感到羞愧而再次退缩。

请透过娃娃来对你的孩子说话，经过一段时间后孩子可能会开始对娃娃说话，并借此累积足够的信心来与你说话。

某些孩子会用卡通的声音说话，这类孩子同样不想真正展露自己，不想真的透过说话来建立联系。请绝对不要对此多作评论，请你自己保持正常的声音，只要孩子一对状况或其他人取得信任，就会渐渐用自己真正的声音说话。

当我还是年轻的语言治疗师时，曾与一位自闭且有智能障碍的 5 岁女孩练习念诗，每天早上大家会一起念这些诗。在个别治疗中她学得很快，我相当地骄傲，直到我察觉我们其实走入了死巷中，因为这个孩子从不将她的语言能力投入沟通中，而只是像条小溪般继续漂亮地复诵多年她早已学会的诗句。假如当初我选择漫长的路来照料其舒适感，给她更多安全感，透过乐器或娃娃来建立第一层间接沟通管道，谁知道她可能会出现什么样的发展呢？

与不说话的人的相处

面对不说话的人，有一件很重要的事是其他人要明确且大量地与他们说话，特别需要探讨的是下一步该怎么做，可惜这点常遭人遗忘。你必须相当清醒地接收构成沟通行为的所有信号，例如肢体语言、表情、手势、呼吸与肌肉张力的改变；假如你有能力去解读，那么你也有办法与不说话的人聊天。你能够成为孩子与世界之间的传话筒以及中间人。

请你考虑到，每当这个中间人替换时，不说话者都会陷入莫大的困境中，因为又要好一阵子没人可以理解他了。

对“促进式沟通”的赞成与反对

假如孩子到了学龄年纪仍无法克服其说话恐惧时，我们也许可以开始在电脑上进行促进式沟通训练。

我曾在一场瑞士协会的会议上体验到，一位女士带着有深度的文章来参加座谈会，这是她迅速在笔记本电脑上书写并让其助手念出来的文章。

另一则报道曾让我深刻省思。一位年轻德国男子在爱尔兰坎培尔社区的第一天接获委托协助一位年轻自闭症男子在电脑上书写。这位之前从未遇到德国人的年轻爱尔兰人以完美无瑕的德文写下了德国人对窗前美丽风景的想法。这个德国协助者显然用双手提供了协助，但并未将专注力“借给”那位年轻人，而是专注在自己的思维上。

汉堡大学的普罗布斯特（Probst）教授与其同事的研究让这种促进式沟通显得有待商榷。

我们在研究所内也常有自己的思想遭到读取的感觉。当我们测试一位儿童时必须相当注意家长与我们都不能想着正确解答，否则的话，我们测试的对象并非是孩子，而是我们自己。

对方有何感受与作何想法，自己可以超感官地感知到，而且是完全客观的，但自己却无法以同理心去理解。

假如你选择了促进式沟通，请确保协助者不只是扶着手而已，而是要为他人投入其全副专注力。

我如何面对许多为什么的问题？

你被问一个问题，你回答。接下来呢？你再次被问同样的问题，仿佛你压根啥也没回答过，或是在回答了问题之后随之而来下一个“为什么问题”。

一个患有亚斯伯格症的人，即便他能言善道又聪明，还是有着思想觉弱点，他无法清楚理解他人的想法，要反复搞清楚这点其实一点也不简单。

这个认识会得出什么结论？请你不要多次回答同样的问题。

当涉及日常资讯时，即使你每次说的内容都会有些不一样，但直到你找到能够被理解的话语为止，此过程对双方都是种精神折磨。请你开始做些新的事情，做一种有意义的行为，请你在说话时加上节奏，进入呼吸与行为中会有帮助效果，并能克服身不由己在那儿反复打转的思想。

一位 4 岁儿子的母亲说道：“我的儿子从 3 岁开始对我们所说的每件事都会问‘为什么’。”

“喔，看哪，今天艳阳高照！”

“为什么太阳会闪耀呢？”

“今天我们来烤蛋糕”

“我们为什么要烤蛋糕？”

“你想要点蜡烛吗？”

“为什么？”

“奶奶马上来。”

“奶奶为什么要来？”

有时这简直要把我们搞疯了。就算我们回答他为什么香蕉是弯的，他也会继续问："香蕉到底为什么是弯的，妈妈？"

最后我们尝试了新方法，只透过唱"为什么，就是这样，哒嘞法嘞啦！"来回应他无止境的"为什么"。这真的有帮助！我们不再纠结于他的问题，而只是单纯地沉浸我们的歌声中，往往还伴随着眨眼。直到问为什么的动作止歇下来需要很长的时间，但歌唱让我们做家长的能幽默以对，使我们自己冷静下来，而这也对我们的儿子相当有益。

问问题可能也是孩子建立口头联系的尝试，因为比起透过眼神或肢体交流，这原则上对孩子更容易些。当你的孩子有许多问题，请你自问："我刚刚跟自己的孩子有良好的联系吗？""我的孩子刚刚跟他自己有良好的联系吗？或是感到无聊？"亲子间密切的联系，特别是经由身体的联系能够终止问问题的行为。

人们也能要求学龄儿童自己回答问题，他们往往能够胜任并会停止问问题。

我们需要敏锐度才能知道，何时有回答问题的必要。是因为孩子需要答案来让自己感觉更安全吗？

例如在新的场合下，就值得详细地回复，如此一来，孩子就能做好万全准备且"有力"地掌握社会适应能力。

我短暂走出房间，也许去上个厕所，我一直都清楚刚刚的体验是孩子绝望感的发作，而非试图要欺侮我！当我感觉好些以后再回到孩子身边与他相处，就如同“社交能力”段落中所描述的内容。

不要压抑情感

一个长久的可能性是每天为自己以及照料者进行“情感控制”的练习，这是鲁道夫·斯坦纳所提出的第三个附带练习。其目的并非在压抑情感，情况正好相反，这是要让情感完全爆发，让它们彻底充满我的内心，但却完全不让一丁点情感可见于以及可听于自身身体的边界之外。这个练习会带给我存有强度的感受，因此它疗效卓著！我不会愤怒而失去理智，反之我会感受到自己，这会给我安全感与平静，我应该在心中搜集这种安全与平静的感受，并让它从该处流进双手双脚与头之中。经过短暂练习后，会带给我日常生活从容平静的光芒。

为了孩子，我该学习如何面对自己的过往历史所引发的感受

我们自己小时候也曾有过创伤，当孩子或成人去触碰这些旧伤时，它们会裂开，我们马上又会像小时候一样无助。我们会体验到他人的行为是有威胁的，我们觉得遭到了贬低。

我们的创伤很久远，它只会被他人无意地“戳痛”。我们的感受是“久远”以前的感受，它们并不代表眼前的情况，我们能像对待孩子的感受一样地来对待自身感受：认真看待、安慰并澄清这并非那个意思，而且明年要掌握机会从旧伤走出来并变得“更健康些”。

用同理心取代融合感与离斥感

对所有从事看护与教育的人而言，鲁道夫·斯坦纳提供给治疗教育家的同

理心练习相当容易、简短且有效。内在态度在一个星期后就会开始改变。

心魂在日常生活中总是会因过度的融合感与离斥感而失衡，不过这个练习根本不给我们有这些感受的时间，因为它要求我们保持持续观察的兴趣。

我们面对着一个正在发泄情绪的人，我们事后想要悄悄地完全以同理心钻进他的内心，认真尝试仔细地去模仿他。我们兴致盎然地观看他如何举手、投足、摆头，嘴巴是开还是闭的？在尝试模仿他的过程中我们会发觉自己做不到，所以必须更仔细地观察。

在他下次情绪宣泄时我们没有时间产生感觉，我们必须更仔细地观看。之后我们会模仿得更好，我们让这个陌生的生命觉在我们体内回响，它感觉起来跟我们之前的想象不一样。我们开始了解以及能对他人投以同理心，不过同时也保持着一种健康的距离。

在他下一次情绪宣泄时，我们的行为举止要越来越像是解决方法的一部分，不会再无意造成情况戏剧性地升温。这像是给我们的一件礼物，而且还有更珍贵的礼物——“点子”。从有益本质的层面会有或许是来自于守护天使的东西降临在我们身上，这可能是一个我们能自动自发去做的有益点子，或是一个幽默风趣的句子。几天后我们会问自己，我们过去怎么能跟这个人这样纠缠不清。

幽默与自嘲永远有帮助

我在睡前花不超过五分钟的时间来回顾一天的场景，如同一部回放的电影。下边有个例子：

我看到孩子没有安全感的眼神，见到自己愤怒地“发短信”；孩子看着地板；我狠狠地盯着孩子并对他说教；我放下话筒；孩子开着他最爱的车子驶过地毯；我在跟安娜说话；孩子把他的汽车从玩具盒倒出来；我朝浴室方向打了个手势；孩子疑惑地看着我；我跟安娜在打电话；我说“快去刷牙”；我们快要结束的时候电话响了；孩子跟我一起清理晚餐桌。

现在请倒着读这段文字，这本来可以成为一个美好的晚上，不是吗？请想象你在好几个晚上都看到类似的情况，你笑了，而现在电话又在饭后响起，你会做些什么？

上述所有练习都会帮助你，让你在与有片面倾向的人相处时能越来越诚实与真实，这对于跟有自闭倾向者的相处似乎极为重要，他们本身只能说实话以及做自己，他们无法假装。他们有时会用真实却无恶意的回复伤害我们，这是因为我们感觉自己被看穿了。且让我们向他们学习吧！

一位有 4 岁儿子的母亲的体会

我每天所面对最大的挑战之一，是我们的儿子发脾气。为了保持自己不跟着生气，去意识到他的绝望感是会有帮助的。他并不调皮，只是感到绝望。当他生气时，我知道他失去了在世界上的立足点。接着他真的愤怒到“抓狂”，入世将是唯一能帮助他不去经历这种绝望的方法。

“眼前是个想要被紧紧拥抱的男孩”，我这样说并紧紧地抱住他。他往往会喊叫得更凶，并开始以双手双脚来自卫。然而我会紧抱着他并静静地说“没事的”，或是我不发一语，保持着积极的想法。然后我会想到某个时刻，我的儿子在当下真的很快乐与投入，例如我会回想起我们的假期，我的儿子如何兴奋地在海里游了他首次的自由式，或是我会想象总有一天我们也将像个家庭一样拥有正常快乐的日常生活。这可能会持续 5 或 25 分钟，最后我会发觉他的身体再次柔软与放松下来，他会依偎在我的怀抱里。然后他甚至往往会说："抱紧我，妈妈。"接着我知道他的绝望现在平息了，这个时刻对我们双方一直都是非常非常有抚慰效果的。我的儿子又重新回到他的身体里面，而我每次都会感受到对这个奇妙小男孩的巨大的爱。

我发现我越学习对我的儿子保持同理心，同时也对我自己保持同理心，我就越能轻易地面对他发脾气的情形。我自己也常在对抗心中增长的怒气，我现在越来越有办法经由头部来将怒气宣泄掉。我透过我的儿子了解到这个怒气其实是我自己的绝望感以及在这个世界上的不安全感的表现，就像对我儿子一样，我透过内心冥想地对自己说："没事的，我能够信任。"假如我无法保持平静和同理的态度，就无法抱紧他，那么接下来就会爆发越界的权力之争。

这里描写的并非典型的"紧抱疗法"（Festhaltentherapie），而是一种个人的关系途径。

如何能进行一种有时间顺序且有意义的行为？

如同上述，这种片面倾向也包含了无法透过模仿来理解有意义的行为，而令人混淆的是某些人在很小的时候就已经因为提升的感知能力与超强的记忆力而能够精确模仿所见所闻，他们会完美而完全“未经消化”地模仿动物、方言与其他人的声调。模仿意味着吸收、适应、学习并以“我”的方式为之，我们如何能补足这个重要的发展步骤呢？

我们受到翡丽希·阿弗特尔（Félicie Affolter）的启发，且让我们学习如何陪伴一个对模仿各种过程毫无概念的人，能与他一起“沉浸”到体验的过程里。要开始上述动作时需要陪伴者的冷静、耐心、极度专注、具备同理心的基本态度，以及与被托付者之间的良好联系。

这边要描述一段与学龄前儿童一起进行的烘焙过程。烘焙所需的一切材料都呈半圆形围绕着陶制的烘焙大碗，每个人都围上围裙，提起衣袖并套上“工作袖”。孩子站在一张凳子上，用肚子贴着工作台，陪伴者紧紧地站在孩子身后，从后上方引导孩子的双手，并等待直到由此接触引起的初步刺激消退。

孩子随着后方而来的引导把烘焙碗拿到他的心脏前，并说：“这是超大的烘焙碗！”然后再把碗放回去；“这是面粉”，所有材料都会被拿到心脏前然后再放回去。如此一来会建立起与所有原料和设备之间的联系。

接着孩子以双手作碗，面粉会多次经由“手碗”被倒入陶碗之中，还有油、温水、盐与酵母也一样被倒入。对气味敏感的孩子，可以在弄碎酵母时捏住鼻子。

对于孩子必须伸手去抓这团混合物时所感受到的恶心要保有相当的同理心，接着我们开始了烘焙过程。我把双手放在孩子的双手上，一起吟诵一段古老的面包师口诀：

无法通熟揉面者，
不是真正面包师，
用力，别偷懒，
彻底揉出面团。
手掌手臂与手指，用力压！
所有团块都将瓦解。
用力工作闭上嘴，
祝福即在面团里。

讲话的声音必须活泼生动，节奏在快速与极缓慢之间摆荡。每个音节都伴随有揉捏动作，时间也搭配得天衣无缝。

照料者将他强烈的专注力“借给”孩子，孩子往往会在第三个烘焙过程中开始感到深刻的喜悦与骄傲，他会忘记身后的照料者。

这个方式也能用在煮饭、洗衣、锯木、掘土、耙地、播种上。这种共同工作的一大成果是能心平气和地与父母亲共同进行活动，再过一阵子后就可开始初步的自由模仿游戏。

请你不只是跟这些孩子们玩，也要跟他们工作！然后他们会独立学习游戏！

你也应根据年龄来与更大的孩子们做所有这些活动，例如烘焙全家都能享用的周日小圆面包。重点是要让孩子体验到：我在揉捏一块面团，其成分总是相同，我总是形塑着相同的东西，小圆面包总是会进到烤箱中。当我取出面包的时候，每块看起来都不一样，但一切都是好的！

就好像你在种植向日葵或胡萝卜时也总是有相同的程序，但却总会出现不同的结果，而这种自然现象其实都是好的！

如此一来，孩子的理解与思想觉会在事后成熟，而你则练习去赢得对于过程以及对于自身能力的信任，这种对自己的信任也会渐渐地移转到心魂生命上，间接地使你的孩子能更易融入新的状况中，他将能承受、练习去学习，因为他曾在烘焙与播种时体验到："一切终会顺利的！"

片面倾向的人会开始了解世界，并体验到自己能够在这个世界上引发某些结果。应变能力与一致感的增长会产生最深刻的疗效。

在学龄儿童与成人身上的时间顺序可按照TEACCH模型来安排。对所要求之活动的每一小步、每次伸手都会透过小型图画或照片加以视觉化，然后全部按照正确顺序一个接一个贴好，以克服时间定位障碍："首先要做什么，接着要做什么"，使其有办法在数个工作步骤中独立工作。

康复训练，好或不好？

我们的经验显示，当父母、祖父母、保姆、幼儿园老师、亲子班老师能够在日常生活中共同参与工作时，会达到完全不同的疗愈效果。所以说日常生活会产生疗效，其作用扩及所有层次。那种每周一小时的治疗虽然能安抚孩子的心魂，但有意义的儿童治疗始终也必须包含家长辅导以及家庭日常生活的促进。如此一来，我本质特性，再生性的生命身以及物质身就分别能在每日节律、在28天的月节律和在365天的年节律中受到强化。

当孩子身边没有其他人有能力创造出能让孩子体验到“我是世界的中心点”的情况时，康复训练则是项合理的方案。康复训练师也绝对应该依据感觉整合的方法来接受培训，而且尽可能透过广泛的合理情境提供日常活动或游戏给孩子。

对学龄儿童来说，能有一位家庭范围以外的关系人与其建立起信任关系会是相当有意义的，这能作为从家庭共生关系跨越到与权威者、教师以及同侪团体关系的桥梁。

行为治疗何时会有帮助，何时不会？

行为治疗旨在协助人们，使自己的行为能更加地适应于环境的要求。在德国的“自闭儿童协助中心”里人们尤其着重这一块。除非无法避免，我们才会在疗程较晚的时间点采用TEACCH模型的一些小方法，否则一般来说我们不会用到这些方法。

就我们看来，透过行为治疗不会形成温暖的联系，而本来就过强的头部力量会承受更多的要求以建立必要的自我克制，如此一来上下两股力量流的内在平衡会更加失衡。

当然行为治疗经常呈现快速的成效，因为它乃是建立在清楚的规则之上，而自闭症谱系患者往往非常善于遵循重复的规则。然而如此一来并无法真正对孩子产生疗效，而仅会对孩子身边的人有安抚作用。基于家庭系统的角度来看，有关孩子在行为治疗中是否过早为自己的行为负责是值得商榷的，难道不是父母和教育家应该负责确保一切都会顺利好转吗？

我如何面对污垢、细菌与黏糊糊的双手的恐惧？

前面提到的那位母亲对此表示：当我们的儿子 4 岁大时，他突然开始对污垢产生恐慌反应。他的双手不得弄脏，他的套头衫不能有污点，他不想去花园，因为可能会弄脏鞋子，也根本不肯踏进沙中。他接着会像发疯一样地喊叫，因为污垢让他害怕。

我不知道怎么帮助他，因为基本上我的情况也类似，我们的儿子只是反映出我本身对污垢的反感！假如我自己就对污垢与沙子恐惧的话，要怎样才能跟他解释双手、套头衫、鞋子有时弄脏或沾上沙子其实并没什么大不了！

唯一一条路必须透过我自己：我开始透过头脑来辅导自己，亦即透过头脑来淡化"污垢"。我严肃地思考假如我身上或家里有污垢到底确切会发生什么事，于是我再观察那些让我印象深刻且喜爱的人，看看他们是怎样面对污垢、沙子与卫生的；接着我告诉自己这些人不会一直洗手或只把鞋子留在门前，尽管如此他们也没有生病。所以污垢并没有问题！

与此同时，对我最强而有力的推手就是我的儿子，我看到他如何被困在面对污垢的恐惧与绝望中，我渴望他也能尽情地在沙堆中游戏。我希望他的恐惧能被治愈，并让我自己也跟着他受到疗愈。

有趣的是，我所要做的不外乎是改变我自己内在的态度罢了，而直到我们的儿子能够再次在草皮上与沙堆中奔跑只需短短几周的时间而已。中间的时间我们总是拉着他的手，陪他一起走过花园，当他尖叫时紧握住他的手，并在内心想象一切都很顺利。他只是在那个当下感到绝望而已，但很快地他就会重新喜欢沙子。

最后他办到了，而且是我陪着他一起完成的。他现在在草皮上玩耍，让自己倒在青草上。当他膝盖上的裤子有一片青绿时，他只是看着我说：“没关系，你可以洗裤子，妈妈！”

我如何面对忧虑？

一位有5岁儿子的母亲说道：“我的儿子刚开始上学时会一直担心钱的事情。他会问：‘我们钱够付那个吗？我们需要付这个吗？’”

当他听到下面的回答时或许会安心点：“对，我们要付这个，画家帮我们画得这么漂亮。我们要谢谢他辛苦的工作，这样他也会很高兴，还能买好吃的东西给他的太太和孩子们。妈妈的钱永远都够我们买好吃的东西。”

这种成人问题中的现实意义应到青春期才该出现。

我能做些什么来让我的孩子不会感到自己一直遭到歧视？

因为他觉得身体不舒服，因为他缺乏自信，因为他从来不满意自己，所以他觉得自己受到了歧视。

言语并没有帮助，能帮助他的唯有多加针对其舒适感工作，以及让他具备得以居住在自己身体之中的欲望。我们可以透过许多有意义的共同活动来增强“我会做某件事，而且我了解该做什么事”的感受。

面对手足间的忌妒现象，为了抒发孩子的感受，你可在具体情况中说道：“这边有某个人想要拿比他妹妹还大块的蛋糕，他好可怜，因为他的妈妈不给他。”当你不带任何讽刺口气说这句话时，你的孩子至少会觉得自己被人看见与理解。请你不要说“可是你那块明明跟……一样大”，这在客观上可能是正确的，但却不符合孩子的主观感受，他会觉得自己被误解且较不受疼爱。

我该如何跟我的孩子说他跟其他人不一样？

最早从 9 岁开始！接着他自己会持续感觉到自身与他人之间的差异性。我们能够借助已讲过一百遍的故事来告诉孩子：“曾经有个男孩……他很会……但是当那发生时，他会害怕……”孩子不应有意识地发现自己就是故事中的角色，这必须加上许多的情节来让他相信这是别人的故事，而故事必须在经历长久的努力之后有个美好结局。

等到青春期才可以在直接而平静的谈话中透过专业意愿与目标来讨论有关天分以及片面倾向等话题。也能让此年龄的孩子阅读那些同样异于他人的人物传记，这可以（但不必）是关于自闭症者的自传。

我何时谈到爸爸或妈妈也有同样的片面倾向？

当孩子从青春期年纪开始具体地问你此问题时才去谈论。

请注意你回答的目的是让这个青少年更能了解自己，而不是让他更加了解你。这些孩子不需要了解他们的父母，这不是他们的任务！

我如何宣布某事并以最佳的方式提出要求？

当我突然提出要求，而孩子的每日计划已结束再也塞不下任何东西时，我不必对孩子抵抗不愿配合的反应感到惊讶。“马上”是行不通的。

面对学龄儿童，人们应该与孩子共同安排每周计划，其中应包含一周的所有活动。请你与孩子共同考虑：何时能练习乐器、能做功课、整理房间以及修剪草皮？何时是游戏、写字或绘画的时间？所有活动都会被写进计划之中，连时间也一起记下！你也可以帮每个个别活动画上一个小符号。也请你共同考虑：你的孩子已能单独做什么？哪些事他会需要哪些帮助，谁的帮助？假如某事未能按照计划进行会发生何事？

两星期后请你重新检视这个计划并考虑哪部分进展良好，为什么？哪部分未能顺利达成？还需做哪些事来使其进行得更顺利？此工作会获得回报，因为比起自主行动，你的孩子其实更能“依循计划”而生活，固定的流程会给他安全感与平静。此外不单单是身为父母的你，就连计划本身也在提供着各种指标方针。

有时也可以在前一晚预先对次日作计划，根据天气来放好适合的衣物并关上衣橱。我们能够在晚上回顾这天的感受，并共同从中学习来面对次日。

规律的周一到周五对学龄前儿童很有帮助，假如孩子知道只需要在星期三吃小米，这是可以忍受的。

假如你的孩子要班级出游或是旅行，那请你尽可能事先让孩子清楚来龙去脉。你们可以观看该地点、房子、房间的照片，你可以解释孩子会跟谁睡这个房间以及会有什么食物，在什么时间用餐。

假如我对孩子的某项要求是无法事先计划的，那我会直接提出它，也不对孩子的顶撞感到不悦，而以庄严的态度承受孩子的愤怒，并且在背后引领着孩子专注地迈向必要的行动。我的内在态度为：“我们必定能一起办到的！”

一位学龄前儿童的母亲说道：

假如我们要去看外婆或吃冰激凌，但后来外婆生病或因为下雨使吃冰激凌计划泡汤而无法满足孩子的期待时，不再做任何宣布也是相当合理的。每当有令人开心的小计划我都会说出来，并同时开始进行，我们都很快乐！

我如何面对批评与赞美？

这些孩子在3岁时就已经有太多的自我意识，他们就像堕落后的亚当与夏娃而感到羞愧，不喜欢更多的“光线”落在他们身上。

孩子们往往因感到自己身体内部的不舒服而无法再忍受批评所引起的心魂不适。请秉持同理心去设想身体的不适：你中午已经很累了，肚子很饿又感觉到自己正要开始感冒，然后有人过来说你犯了个错误，你在此状况下会做何反应？

有自闭症状的人乃完美主义者，对自己所完成的事物永不满意。当他们受到批评时，自我批评加上外来批评会造成过度的批评。

当他们受到赞美时，他们不相信别人真的觉得有这么棒，接着就会受到刺激，因为他们对自己永不满意。

请你不要赞美也不要责备，因为赞美无法真正传达到你的孩子身上，相反你会使其感受更加混乱。请你将兴趣放在这些感受的形成过程上，如此一来你将会建立联系并能够稍微缓和苛刻的评价。

赞美只能短暂强化自尊心，你的孩子必须学习自我赞美，亲自去感受自己做得很好。你可透过反问来达成这点：你在演戏时感觉如何？你喜欢你的图画吗？你当然可以从自己的角度来对孩子传达你如何喜欢他的作品，或是形容你所看到的东西。透过此法你会强化孩子，让他以更好的眼光来看待自己、感受哪个部分进展顺利，并学会不去依赖他人的赞美。

这里同样请你再按照“练习社交能力”一段中所描述的程序进行。

我们如何能强化这些人弱小的自信心？

要形成稳定的自信须透过安定、舒适的存有感以及在世界上受人欢迎的感受，并了解我周围所发生的事，还要能对我的生活环境有积极的影响。

绩效与成就能够短暂提升我的自信，但当我想要维持成就时，渐渐地就会形成压力，因为我必须不断进步。长期的压力会削弱我的舒适感以及我的生命力量，我稳定的自信心也会跟着减弱。我试图做得更多，获得成功，在短暂的安心后便又朝着过劳和疾病的方向迈进一步。

请你努力发展稳定的自信心！这虽然不是快速成功之道，但却值得。前面几段已经阐述过所有情况：

- 我如何面对批评与赞美？
- 我如何宣布某事并以最佳的方式提出要求？
- 我如何提供参与？
- 如何能进行一种有时间顺序且有意义的行为？
- 我如何练习社交能力，对自身以及他人情感的感知行为？

如何能形成专注力与练习的心理准备？

请想象你对光线相当敏锐，会“扫描”环境与人的每个小细节，凡事都逃不过你的法眼。

你听得出某人是否以正确的音调唱歌，即使他只低了四分之一的音，你的耳朵也觉得不舒服。当他的声音过高、讲话沙哑或嗡嗡作响时，你都觉得自己受伤了。你的听力太棒并且对声响相当敏锐。

你闻到所有东西的气味至少都有十倍之强度。

请你秉持同理心让这种状态回荡于你体内，然后想想这个人会需要什么样的空间。

寂静无声、毫无视觉刺激与刺眼的颜色、通风良好。你必须看起来、闻起来与“听起来”怎样才不会折磨这个人？请你穿戴漂亮但不刺眼！你面对的往往是位审美家。

假如你会流汗，请一天洗多次澡，并使用除臭剂，如有必要，请每天中午更换你的上衣并喷一点味道较不刺激的香水。

请让你自己听起来顺耳，训练你的声音并注意保持一致、友善的语气。当遇到严肃的事情时，请你讲话慢一些、轻一些。

你被要求拿出自己最好的一面，请你接受这项请求。你最能透过改变自己来鼓励他人敢于求变。

由于他们的视觉感知能力极为出众，请你注意书桌与工作室有经过整理，让你的孩子不会受周遭物体的影响而分心。

练习的心理准备也是要透过“建立舒适感”与“有意义活动”等段落中所叙述的要点才能形成。

许多自闭症谱系患者会因为在学校某部分获得极优异的成绩，但下一次却无法解开相同的问题而引人注意。经仔细询问后会发现这其实是因为缺乏舒适感之故，导致成绩不若先前理想。

我们如何面对特殊兴趣与特殊天赋？

迪特马尔·泽尔纳尔（Dietmar Zöllner）等人回顾性地强调不要只放任孩子们发展其特殊兴趣，这是相当重要的，人们应该要清楚地限制特殊兴趣的时间，以及必须承受孩子初期的不悦来陪其进行其他的活动。每天一到两小时的特殊兴趣似已足够，或甚至已经太多了。

自闭症谱系患者常也拥有特殊天赋：他们能担任验光师或牙医的精确工作，能够修理所有东西，或是相当有音乐性，或甚至拥有绝对音感。他们能不费吹灰之力学会外语，拥有素描、摄影与建筑天赋，更是“体育高手”或是电脑专家。他们之后靠着这些能力维生，偶尔也会因此出名，因此你在他们还小的时候就应该面对此情形。

重点是要以一种游戏性、有意义的方法，而尽可能减少透过智力并以保持距离的方式来面对其天赋。不要根据分数玩游戏，而是要模仿老师来进行游戏，并加入简短的音乐性对话，素描与拍照来送给心爱的人，修理或制造我自己或其他人以后真正会使用的东西，布置真实的房间而不只是制作模型而已。

当你借助阿弗特尔的方法来做有意义的事情，同时始终没让自己闲下来，你便能在人生道路上带给孩子某些可供他日后回忆的东西：“当我用头脑工作了很久的时候，妈妈就会陪我烤蛋糕。”接着他们之后会独自烤蛋糕，因为他们知道这会带给自己快乐！请你保护孩子让他即使长大成人时也不浪费心力在其片面倾向上，教导孩子在其后续人生中追寻头部工作与身体工作之间的平衡，如此一来才能维持健康。在逃避日常社交要求的行为中尤以网络与电脑游戏最为危险。在电脑世界中我掌控着一切，不顺我意的东西就把他点掉。我可以隔着极远的距离与人聊天，我也越来越从伴随成功与失败的真实工作以及充满各式难题的真实联系中抽离出来，并躲进一个由我掌控一切的虚拟世界中；接着我常会不自觉而没日没夜地待在电脑前。近期的研究指出电脑发出的光线会唤醒特定的大脑区块，虽不包括所有人，但确实会造成许多人的睡眠障碍。

电脑上瘾以及睡眠障碍是许多精神疾病的严重起点。所以请你让青少年为他们的学校或父母的公司有意义地开发程序，但请限制电脑使用时间！针对此主题请参照曼菲德·施碧策尔著的《小心银幕》（Vorsicht Bildschirm）与尼可拉斯·卡尔（Nicholas Carr）著的《网络对你的大脑造成什么影响？》（What Internet is doing to your Brain）。

改变——我如何规划新局面？

这绝对是对你创造力的一大挑战！下边提供几个有创意的母亲的例子：

孩子3岁时进幼儿园，母亲跟孩子已经在假期中到过园内并照顾过兔子，所以孩子已经习惯了新的地点，当幼儿园开学时就不至于一切都是全新的事物。

即将搬家到另一个城市时，母亲尴尬地注意到女儿对此事完全一无所知。她画了一本有活动式图片的书，书中有个男孩要搬家：收拾行李、搭上巨大的搬家货车、打开行李、在新房间里玩、重新在花园中栽种植物、邻居的女孩来找他玩，还有一间很棒的新幼儿园……一切都会很美好。延续着这本书，她继续画她的女儿安娜搬家的过程，加上详尽的细节，安娜当场便仔细地弄清楚所有事情。一切都进展得相当顺利。

儿子将在暑假后升上二年级。他现在已经开始害怕游泳课，说什么也不愿意上二年级。他的父母每周都到同一间室内泳池陪他练习游泳。

下个假期快到了，这次度假的地方与之前不同。父母陪着孩子观看度假的房子与周遭环境的照片，他们一起读关于该地区的介绍，然后至少为前面几天订下固定的计划，决定一天的行程。

幼小的儿子还不会到马桶上大便，需要穿尿布。母亲开始协助孩子的生命觉更成熟，那么母亲自身也会明显感觉更安适而更能入睡。母亲亲切并坚定地陪孩子去上厕所，然后在外公外婆家练习，接着是在母亲的朋友家练习，如此一来，孩子就越来越不会影响到整个幼儿园早上的行程，孩子一定能够办得到。

你在这些母亲身上感到哪些共同的内在态度？

他们都认真看待孩子在面对改变时产生的恐惧并且为孩子建立一座桥梁，但他们不会让“害怕改变”这件事影响到家庭事务。假如因担心孩子的恐惧发作而导致他害怕改变进而影响到家庭生活的话，会有不利于健康的后果。

人们必须明白，感知“正向感受”需要很长的时间才能达到，而等到“正向感受”变成一种可靠的“保护垫”来提供依靠则需要更久的时间。唯有感受能有所帮助，而思维却帮不上忙！可靠的感受会在反复的正向经验上发展。

亲爱的妈妈，这并非你们的错！

身为母亲，我如何面对我“全都做错了”的感受?

你是否曾感受过你的孩子不太对劲？你的亲戚、朋友甚至常常连医生也告诫你？但你感觉到你是对的！请你将这种可以信任自身感受的确定感凝聚于心中。当内心充满温暖时，将它贯注到你的双手、双脚与头部中。请你每天进行此动作连续一周的时间，你的心魂将会洋溢着此感受。

你毫无支持，每个人都怪罪你。但孩子的缺陷并非是你的错！假如你知道办法的话也会很乐意让孩子脱离自闭儿童典型的共生关系。

你已经直觉地为孩子做了哪些有益的事情？请将想到的全写下来，并加强那些你已经在做的事情。至于那些无益之事，请终止之。

在理解增长了之后，你想尝试哪些新东西？请全部记下来，并标记那些你觉得最重要的部分。

假如你发现作为母亲、父亲或照护人的自己也具有同样的片面倾向，这代表什么意义？

你更能了解他人，能站在别人的立场着想。

对有着片面倾向的你而言，必须兴致盎然地揉捏黏糊糊的发酵面团、在虫子的陪伴下整理花园以及镇定地忍受家有幼儿那种闹哄哄的混乱，肯定都是更加地困难。你在此面临一项抉择：你要利用机会不断地克服一切反感与所有不愉快，并与孩子们共同成长，还是要找能替你做上述事情的保姆或管家。

孩子即使只有轻度自闭倾向，在托儿所中也往往会全然不知所措，他们害怕其他小孩！请你最好找会照顾不同年龄孩子的保姆。

将我的孩子托付给他人

当我不再因孩子的片面倾向而怪罪自己的时候，其他人也无法再怪罪我。接着我就能让我的孩子“暴露”在与店员、公车司机与路上行人的正常接触下，提供他真实的日常生活体验。

在幼儿园与学校中我也能体谅教育者的难处，但我知道他们必须完成我也曾办到过的事情：努力赢得与孩子之间的正向相处方式。假如他们办不到，问题就完全不在我身上了。

我如何为我的孩子设立一种心照不宣的行为准则？

最后同样重要的是最关键的结尾。鲁道夫·斯坦纳在治疗教育学课程中描述了“教育学法则”。

他谈到相较于对孩子的直接教养行为，我们自身人格的发展在教育中其实更加重要且有效。假如我们发展自身的灵性，我们会变得更加真切，心魂也较少拉扯现象，还能照顾到自己的生命力量，这都会促进我们身边的人的发展。

当我越来越能在大部分日常情况中设立一种宽宏但界线明确的准则时，这其实是我自身发展工作所展现的晚期成果。这与下列条件有着密切的关系：

> ➢ 我在我的皮肤中感到舒适，喜爱自己并进而能维持灵性、心魂与身体活在当下。
>
> ➢ 我能感受到自己的心理状态且会认真看待自己。
>
> ➢ 我从不觉得孩子的行为是针对我个人的，我能将之视为其发展困难的表现来认真对待。
>
> ➢ 我能意识到孩子会因为我的历史往事而对我产生何种感受。
>
> ➢ 我能放下某些灾难往事，同时学会真心且亲切地取笑以及安慰我自己。

接着我就能透过我的内在态度来设立一个明确的“模板”，并促使我周边的人遵循此宽大的准则。所有人都会无意识地感受到这个准则，在我面前，特定的行为模式是允许或禁止的。我们这样做能带给儿童与青少年偌大的安全感，他们会觉得自己受到支持与扶助。

自闭症乃『深度发展失调』——一种源自心理动机的秩序追求

背景介绍

这十年来，作为心理学家，我对自闭症谱系障碍的专业知识，透过人智学认知以及 Bernard Lievegoed 研究所同事们的宝贵经验与知识不断地受到启发，有了长足的进步。与此同时，下列疑问始终困扰着我：

1. 如何根据心理学观点来为令人困惑又多样化的自闭症表现形态，以及（关于自闭症可能原因的）五花八门的研究结果整理出一套秩序？我们需秉持何种视角才能使一切合理化？

2. （前面所发展出来的）生命觉与思想觉失调概念如何与心理学观点结合？而基于这项结合有可能产生出一套既能解释不同原因，也能说明不同症状的秩序吗？

3. 以这种人智学的心理学秩序为背景，我们的治疗目的还能更加明确与有效吗？

以下阐述将尝试去探究这些问题，本章会再次探讨在前几章中提过的主题与重点，例如自闭症者的特点、研究结果或有益的治疗手段等等，并根据我的主题背景来对它们进行分类。

心理学家如何定义自闭症谱系障碍？

若以心理学的角度来看自闭症，首先必须要知道“自闭症”概念在心理学中确切代表着什么。

“自闭症”意谓特定的行为模式，这是由雷欧·康纳尔（Leo Kanner）以及汉斯·亚斯伯格（Hans Asperger）两人首度在儿童身上所观察到的，但两人的观察之间存在着些微的差异。此行为模式呈现出沟通以及与他人互动障碍的特征，或是缺乏与他人建立关系的能力；这些是在本书前半段已描述过的各种障碍，例如有关合理且有目的性地使用语言，能“阅读”他人的表情手势，能自行透过手势、表情与声音来贴切地进行表达，能与他人进行节奏性的双向对话，能接纳他人的观点等等。所以心理学所称“自闭症”的核心症状乃是沟通、互动与建立关联性上的障碍。

一般来说，这些醒目之处会结合固定且重复性（不断反复出现）的行为模式。

然而临床心理学家不断面对着一项事实：自闭症核心症状会披着个体差异性极大的“外衣”，以不同的强度并且结合因人而异的伴发症状出现。换句话说，自闭症患者们相当地不一样！当缺乏了自闭症的真正典型特征（此处指的是固定行为模式）时，诊断手册在不得已的情况下只能将例如非典型自闭症定义为单独的形态，至于亚斯伯格综合征是否是有别于幼儿自闭症的另一种病症，或仅是一种较轻微形态的自闭症，专家们的意见并不一致。而今天该综合征又再次不被认为是一种类别，单纯因为这些综合征实在太过个体化，而如今重新被归类在“自闭症谱系障碍”的统称之下。

基于心理学角度，自闭障碍是如何形成的?

虽然在心理学上定义了自闭症或是自闭症状，但要寻找原因的话，人们马上必须求助于其他的邻近科学领域，例如医学或大脑研究。

然而自闭障碍的原因仍无法获得确定的解释。普遍所认可的是，自闭症具有生物学基础。因此如同上述，人们会根据研究结果来讨论例如遗传倾向、污染物质或出生前、出生前后与出生后的压力因素或创伤，这些都会影响或改变孩子的“生物学”。人们也同意最广义的自闭症乃是一种“感知失调”，也就是说对自闭症状而言，感知方式、对外来刺激的处理与整合都是有因果关系的。

如此一来，遗传或环境因素会改变孩子的生物学，进而导致感知与刺激处理障碍，而它们又会造成上述具个人色彩的沟通、互动与建立关联有障碍的后果。

但假如人们思考目前所发现或讨论过的儿童生物学影响因素就会注意到：有令人不可置信之多且不同的原因明显与此相关，而所有原因都构成一幅具有相同核心的失调图像！？

例如无酪蛋白饮食能帮助某些酪蛋白不耐症（酪蛋白“Kasein”是存在于牛乳中的特定蛋白质）的自闭儿童并改善他们的自闭症状，这点相当令人吃惊；然而在其他有着相同不耐性的自闭儿童身上，同样的饮食却无帮助。而且并非每个酪蛋白不耐症的孩子都有自闭倾向。

当我们观察在自闭症研究中所讨论的各种“感知失调”，也会遇到同样令人困惑的情形：孩子们表现出高度个体性的感觉“特征”；甚至于他们在全然相同的感知形式中会出现彼此完全相左的结果，亦即过度敏感、过度反应或者是感觉迟钝、反应迟钝。

而在面对一切有关自闭症谱系的研究结果时，我们从来不晓得它们涉及的究竟是原因或是后果，这一事实又让数据资料更显混乱。例如当人们发现自闭症患者大脑区块之间的网络化程度较低时，或是他们的顶叶发育程度较差时，这到底是自闭症障碍所造成的后果或者我们在这里发现了一个自闭症的原因？

作为秩序因素的生命觉

现在人们确定自闭症的形成是由多重因素导致的，这是肯定的，但所有相关因素之间是否具有共同的“原因”呢？

让我们回到至少被认为应该为自闭现象负连带责任的“感知失调”上：为何截至目前人们还找不到“自闭”模式，以及在所有的差异之中发现共同点？假如我们检视自闭症研究中所描述的各种感知失调，便会找到有关触觉、自我运动觉（本体感觉）、平衡觉、视觉、听觉、嗅觉与味觉等感官之调节、处理与合作的各种障碍。但生命觉（活力觉）并未受到治疗，连带使感官失调现象也未被深入理解。

与此同时，就像我们在本书前半段所见的，生命觉失调能够解释自闭症障碍的根本层面以及其关联性：从孩子改变的“生物学”（新陈代谢），经由不同感觉形式中的醒目之处（感知失调），再到典型的沟通、互动以及与他人建立关联之障碍，还有固定的行为模式（过程或思想觉）。

生命觉失调也已经能解释部分出现于症状以及医学生理学治疗手段在功效上的差异性：

> ➢ 如我们在本书第一部分所见，生命觉失调可能有不同的原因。
>
> ➢ 生命觉失调与自律神经系统的片面性有关，意思是说，若非存在着交感神经过度活跃或副交感神经过度活跃之现象，就是生命体会持续在两个极端之间往返交替。视不同极端而定——即，交感神经或副交感神经过度活跃——我们会发现呈现部分差异的症状。
>
> ➢ 生命觉失调常会伴随实际的食物不耐症或其他新陈代谢问题，但它们彼此间差异极大，因此需要配合为个人量身打造的饮食、矿物质补充计划等等。

作为其他秩序因素的发展观点

若想理解自闭症现象，我们必须从发展的角度来检视它。在典型情形下（且非毫无理由地），自闭症谱系障碍在心理学诊断中也会被归类到“深度发展失调”之下。

若我们想说明大脑的网络化不足或差异性究竟是自闭症障碍的原因抑或结果，首先必须自问这种网络化在一个健康的儿童身上是如何形成或发生的：这是与生俱来的吗？是渐渐发展而成的吗？它在何时以及透过何种方式来发展？

我们同样必须问自己：诸如感觉调节与整合、心智理论、对社交信号的理解能力等等，何时、如何以及为何发展？

因此我们必须将眼光集中在如何实现健全发展上，而患有今日常见之自闭症的儿童，其发展又在何处出现了健康发展的偏差，程度多大？换句话说，唯有当我们了解健全发展的**何时**、**如何**与**为何**之后，才能辨别自闭症现象究竟是原因或症状或甚至两者皆是。

我们已经从生命觉与思想觉知道孩子们并非带着发育完成的感官来到这个世界上，感官必须在出生头几个月与头几年甚至要花一辈子的时间来发展。取决于个别自闭症状的类型与强度，我们可以将其归类为生命觉的特定发展阶段或特定的生命过程。这样一来我们就能更加了解它们，也能采取相对更明确的治疗行为。

同理也适用于上述自我责任感的发展，这也需要许多年使用彼此不同却又相互支持的发展步骤方能完成。

孩子们是否带着已完成网络化的大脑来到这个世界上？不，当然不会！大脑需要时间来网络化，特别是在出生后的头三年。

不过发展是如何产生的？经过数十年针对遗传与环境的激烈争执后，专家们目前大致同意儿童发展会在成熟与经验的互动合作中进行。经验会诱发基因主导的成熟过程，而基因主导的成熟过程又使经验得以形成。我们从最初就面对着一种在出生之前即已开始的双向互动。

所以感官需要感官感知来成熟，而这种成熟又能实现感知（即经验），若凭着不成熟的感官是无法达成这些感知过程的。

大脑的网络化同样发生在成熟与经验的相互作用中。所以面对自闭症障碍时我们必须假设特定的成熟与经验过程并未发生，或发生的程度不足，这尤其会造成大脑网络化的不足或差异性。这点本身又可能是特定自闭现象的原因，例如难以建构有意义且富含情感的概念。

那么哪些经验可能无法在自闭症障碍下形成呢？可想而知，人们应观察关系、互动与沟通的发展状态。毕竟一方面在自闭儿童的身上会出现失调现象的正是这些领域，而另一方面我们知道关系与依附对儿童发展有多么重要。

关系的重要性与发展

缺乏投入了情感的关系、没有人际互动就没有儿童发展。

此事实已经受到多方证实：在孤儿院受到良好照顾但并未获得人情关注的儿童，其所有发展领域都会呈现落后；人们或许可以猜到，不只是在情绪与社交上，就连在认知、运动甚至是在身体发展上，他们都是落后的。在极端案例中的孩子甚至不再成长或是会死亡。

这意味着关系与依附对于幼童的一切存有与发展领域都相当重要。我们目前从依附关系研究和神经生物学获得了越来越多的细节，来了解儿童与其首位关系者的互动是如何发挥横跨所有这些领域而深入儿童心理层面的作用的，而这是鲁道夫·斯坦纳早已提出过的事实。

因此，让我们来观察孩子一般会如何在与其关系人的互动中发展，以及在之后被确诊为自闭儿童后会与前者有何种程度和什么样的差异。

关于这点，美国华盛顿特区精神病学与小儿科教授史丹利·格林斯潘（Stanley Greenspan）博士（1941—2010 年），进行了一项基础研究来比较并描述健康儿童与自闭儿童的发展。他将观察焦点放在互动与沟通的发展上，更精确地说，即母子关系中越来越细微与高度发展的情绪信号交流。他借助此焦点来阐述“功能性的情感发展里程碑”（funktionell-emotionaler Entwicklungsmeilenstein）这种统合概念，它们分别整合了感觉、运动、情绪、感知与社交发展等不同层面，与此同时，每个里程碑都各自构成其后续者的基础。即使首个里程碑也不是与生俱来的，而是必须透过情绪互动才能习得。

格林斯潘描述了直到青年与成年期的里程碑。此处列举前几个阶段为例：

1. 自我调节、注意力与兴趣（0 岁～ 3 个月起）

一个婴儿必须掌握的最初任务，是要调节其情绪与生理状态，亦即必须不停地安抚自己。

婴儿还无法独自胜任此任务，他需要一个投入了情感与热心的关系人，这个人能敏锐地感知婴儿的信号，并同样敏锐地对这些信号做出反应。

如此一来，婴儿绝大部分的时候就能维持在其所谓的压力耐受范围（Stresstoleranzbereich）内，意思是说他既不会出现交感神经的压力反应，也不会产生副交感神经的逆反应。婴儿始终围绕着中心点摆荡，他在该处——如此平静——能够重新感到舒适。

通过无数个配合着自己的敏锐反应，孩子能在第一年中发展出对关系人的可靠依附关系。他信任这些人，并从中感到安全、保护与安慰。孩子年纪越大，就越能将关系人敏锐且具有安抚作用的行为举止内化，所以他也越来越有办法安抚自己。受调节状态乃是婴儿能注意其周遭并对其感兴趣的前提。

展现兴趣的能量以及对彼此投入注意力的能力会在出生后前三个月开始出现，并会持续不断地发展。婴儿的兴趣会因关系人的正面情绪信号而被唤醒。

例如：母亲关爱地与婴儿说话，婴儿会有意地将头转向她的方向来观看。

透过感觉感知与情感或情绪以及与特定活动模式的结合，便会形成最初的模式。

相同的例子：母亲关爱地与婴儿说话（感知活动），婴儿会感受到令人愉悦的刺激（情感或情绪）并有意地将头转向她的方向观看（运动活动）。

这个模式（感知—情感—行动）的形成对其他各项发展都相当重要，它将在几年的时间内日益复杂，然后透过以物质特征以及伴随而生的各种情绪对感知结果进行“编码”的方式，它在一定程度上就形成了我们的回忆与想象世界的架构。

例如孩子会透过此方法建构出一种对苹果的多模式概念，这直到约十八个月大时还会与自动行为保持紧密结合：

苹果

物质特征：红或黄、多汁、酸、脆

情感或情绪：食欲或欲望、爽快或振奋、喜悦、享受，或许也包括受照料或安全感或信任（妈妈帮我削皮与切苹果）

行为或运动活动：伸出手臂去抓取

2. 相互充满喜悦的关联性（3 ~ 4 个月起）

此处指的是共同的情绪涉入能力。这在婴儿身上会透过观看、微笑与喜悦地大笑、同步的双臂双腿活动与其他手势表现出来，上述现象会传递出一种喜悦与情不自禁涉入的情感。当关系发展得越广阔与深入时，孩子越会呈现出一种增长的安全感与幸福感，以及对照护者的兴趣与好奇心。

婴儿躺在被子上，爸爸躬身看着。婴儿将其视线转向爸爸。爸爸微笑。婴儿微笑回去，同时摆动他的双臂与双腿。爸爸点头并鼓舞地说：“好！”婴儿一动不动地看着，然后发出一阵低沉咕哝声。爸爸微笑，同样也发出咕哝声，孩子则同步舞动着他的四肢等。

随着年纪增长与持续的发展，将会有越来越广的情感范围成为这个共同情感涉入过程的一部分。

3. 互动意向性与相互性（4 ～ 8 个月起）

这是种能以有意且相互的方式去整合的能力，一边能发出信号，一边能对他人的信号做出反应。这种因（例如婴儿微笑）果（例如妈妈微笑回去）行为的交流包括了感觉运动模式（例如伸出双臂，以让人抱起）与情绪倾向（例如喜欢将手指伸进妈妈的嘴里）。

孩子会开始缔结沟通圈。

> 他看着一颗球（即开启一个沟通圈），妈妈举起那颗球，带着微笑把球给孩子："现在你有球了！"，孩子透过微笑与发出声音的方式来缔结沟通圈。

沟通圈的连续缔结数目会随着发育而增加，从最初8—10个月的3个到4个、12—16个月的10个到15个，到了3至4岁时应该要有50个以上的沟通圈。

随着这个阶段的开始，婴儿尤其会学习透过与母亲的互动来更理想地调节自己，如此一来他就可以透过彼此互动的方式来针对自己的需求进行"协商"。

4. 符号情感性的沟通（18 个月起）

这一点关系到能运用针对情感性的主题之沟通、争执与意见的抽象想象的能力，如同呈现于语言及游戏中者。

> 一个幼儿用奶瓶"喂"一个婴儿娃娃，然后把娃娃放到床上。

一个快3岁的小孩以言语表达他的感受，他说：“我喜欢你”或“我揍你！”

这种符号化的能力可以在一连串越来越长（并能解决问题）的沟通圈内持续的情感信号交流中形成。下面是关于能解决问题的情感性的互动例子：

孩子在水果碗内看到一个苹果。他看向母亲，朝着水果碗的方向伸出手臂，并发出“啊，啊”的声音。母亲疑惑地看向孩子，然后看向水果碗，接着再次看往孩子，从水果碗中拿出一根香蕉。“你想吃香蕉吗？”孩子看了看，皱起额头并重复之前的动作。妈妈拿起一颗奇异果，问：“你想要奇异果？”现在孩子盯着妈妈，朝她伸出小小的双臂，妈妈把他抱在手臂上，来到水果碗前。孩子现在去抓取想要的苹果。“啊，你想要苹果！”孩子想张口咬下。然而，妈妈说：“喔，等等，这还要先洗过喔！”母亲将孩子放在地板上，然后去洗苹果。孩子大哭并伸手要苹果。母亲用关爱的声音说：“啊，小宝贝，就快好了。喔，你等不及了，对不对？你很想吃好吃的苹果……”孩子会稍微冷静些并盯着清洗过程看，直到他过一阵子又开始抱怨为止等等。

透过这样持续不断的情感信号交流——这经过了对照研究的证实——“感知”就会从行为中分离出来。现在可以说，孩子拥有了一幅从行为中解放出来的图像，这在之后会受到越来越细微的情感承载，然后能被用于思考上。

而言语至此也能被归类为独立、有意义（即与情绪结合）的图像，或是说孩子如今能够将其内在的想象图像、情感或主题通过语言或游戏向外符号化。

5. 符号性的表达世界（30个月起）

这里谈论的是孩子以手势、语言和游戏来表达超越原始需求（如饥饿或开心）与情绪的主题的能力。关于复杂的意图、愿望与情感，有可能要一次表达两个以上的情绪主题，例如依赖性、亲密度、探查、分离或骄傲等主题。

例如孩子用一个小孩玩偶和一个妈妈玩偶在玩游戏：小孩说“妈妈再见！”然后离开。妈妈喊：“路上小心！”“好的，妈妈！”小孩进到阴暗的森林中……

此时所表达的情绪主题之间还不必有逻辑地彼此结合或相关，所以可能有两台卡车相撞，然后它们载了木头要来盖一栋房子。

6. 情感性的思考、逻辑与现实感（36 个月起）

孩子现在有办法处理角色扮演游戏或其他类型的符号化沟通中的复杂意图、愿望或情感，它们包含两个以上彼此根据逻辑而结合的想法。孩子能毫不费力地分辨幻想与现实，或是在两者间来回切换；现在在符号性的层面上，亦即在角色扮演游戏或真实的语言会话中，孩子也有能力缔结沟通圈。

在后续过程中会有越来越多的想法与主题，它们会有逻辑地彼此结合。对因果关系、时间与空间的感知开始觉醒（包括在游戏中），所缔结的符号性沟通圈数量不断地提升，尤其是在角色扮演中表达出来的情感性主题、意图与需求也会持续细分，与其他孩子之间的游戏和互动也越来越重要。

在定义过这些（与其他的）里程碑之后，格林斯潘与他的团队得以确定自闭症儿童无法或只能掌握部分的内容。而视孩子无法或只能部分掌握哪些里程碑而定，自闭症状会有较强或较弱程度之分，也就是会有所差异。这意味着我们在此确实能将自闭症当作发展现象来观察。

1. 无法充分地对新生儿进行调节。婴儿常常哭喊，睡得很少，喝奶与睡眠并不规律。孩子呈现出高度的交感神经基础刺激，亦即光是枝微末节的小事就能将其置于巨大的压力之中。他对噪音、视觉刺激，也可能对触觉印象敏感。

2. 新生儿无法顺利结合感知、情绪与行为。所以他既无法有意义地建构他的感知，也无法协调其行为。对他而言，自我体验与世界之间始终是毫无瓜葛的片段。

3. 婴儿无法进入第三阶段的彼此互动之中，所造成的后果是，他没办法表达自己和参与对话，也无法理解表情、手势与语言等所有社交信号的作用与意义。

4. 幼儿无法缔结三个以上的情感互动沟通圈，也就是说他并未真正掌握第三阶段，进而产生下列结果：难以形成符号与想象。他难以投入扮演游戏，一块蓝垫子无法是水。“为什么，那根本就没湿！”他的词汇量可能很大，但言语缺少意义与符号的内容。

生命觉失调或感知活动的互动与情感性的互动

不过为什么日后被确诊为自闭症的儿童会无法或只能部分掌握官能情感性里程碑呢？

这里我们要回到“感知障碍”的部分，即生命觉失调以及经常随之而生的感官特殊性，这可能会造成孩子或关系人难以交流情感信号与建立关系。但此时关键的并不只是孩子的感官特征，还要看拥有特殊感官条件的婴儿碰到何种母亲（父亲）而定，互动与关系的建立还是有可能成功或是不够充分，或甚至在极端案例中会彻底失败。譬如当婴儿属于缺乏兴趣并自我满足的个性，而母亲在建立联系的过程中又倾向缓慢、安静以及小心谨慎时，互动也可能因为孩子毫无反应而失败。在多次以失败告终的尝试之后，母亲可能会失望地放弃努力。在过度反应和不安的孩子身上也是一样：假如是动作缓慢、安静、小心翼翼的母亲对这个婴儿就会如同香脂一般；然而声音洪亮、拥有活泼手势与表情，并喜欢“热情拥抱”的母亲对这个婴儿来说就可能是感官上的过度负荷，孩子可能会翻转，并将身体撑开与哭叫。

但如同前面的叙述，孩子与其首批关系者之间的关系或成功的情感互动，都会对孩子的所有发展领域产生深刻的影响。这会激发生理、感官、情感与感知的成熟及发展过程，而这些过程则又分别使持续发展的更高阶情绪互动得以产生。

我们该如何想象这一点呢？如同我们所看到的，婴儿在理想情况下，绝大多数会因为经过情感调适的信号与敏锐的反应而相对迅速地冷静下来，如此一来介于其交感与副交感神经刺激之间的压力系统便能均衡地发展。

此外持续受到敏锐调适的情感互动可以产生一种稳定的依附关系，这能减少压力并随着幼儿长大而提升自我安抚能力。

因此，成功的情感互动会对生命觉发展产生直接影响，在此背景下也会影响其他各项感官的发展。除此之外，与关系人的情感互动能赋予幼儿感官感知真正的“意义”与重要性，它们会帮助婴儿或幼童处理与建构感官感知，所以情感信号的交流对儿童感官系统具有一种调节与整合的作用。

但此时出现了一种恶性循环：存在于生命觉与感官特质中的片面性会妨碍情感信号的交流，而缺乏情感互动又再度对生命觉与整体感官活动产生负面影响。

出于这种条件局势，孩子无法或仅能不充分地掌握情感机能的构成要素，或是出现无法发展更高阶的情感互动形态或是发展不足的情况。此事实再度解释了出现在自闭症谱系内不同的沟通与互动障碍。

史丹利·格林斯潘不只透过对健康儿童或自闭儿童发展过程的观察，更透过他（记录在为数众多的个人研究中）对自闭儿童所取得的治疗成功，以令人印象深刻的方式证实了这些关联性。其名为 Floortime™（地板游戏时间）或被称为 DIR®-Model（Developmental Individual Differences Relation based Model）的著名途径教导父母用符合孩子感官特征的方式来建立联系，并每天花几小时陪其游戏与互动，以渐渐地克服那些未能或尚未完全掌握的功能性情感里程碑。而工作总是从孩子已经得心应手的里程碑开始，接着才去处理孩子仍呈现出弱点的里程碑。因为格林斯潘认为某一里程碑系基于另一个里程碑发展而出的，当旧里程碑之内涵与复杂性受到掌握后，新里程碑才会开始发展。下面是来自 BLI 母子治疗的一个例子：

> 3 岁半的马洛斯在治疗时间中与他的母亲玩。他们共同修了铁路，马洛斯不断地对母亲下指令说铁轨该怎么建造，然而他与母亲几乎没有眼神接触。只要母亲遵循其想象，马洛斯就会对事情很专注并坚持不懈，不过一旦母亲做错一个指令马洛斯就开始生气与哭泣。两人很少有共同欢笑或共享情感的情况出现，也几乎没有彼此互动。马洛斯对噪音与声响极为敏感，例如会因听到时钟的滴答声和打在窗户上的雨滴等等而很快地受到刺激。他倾向于追寻触觉上的强烈刺激，会不断用力地往母亲身上挤。

经过几小时这样的游戏时间后我们可以确定：只要凡事顺着他的想象，马洛斯就相当自律，专心而且充满兴趣，不过是针对事物而较不会针对其关系人。然而只要他无法全面掌控局面时，其自律马上就会受到威胁。

我们首先针对最初的构成要素“自律”“注意力”与“兴趣”工作，母亲敏锐地去体会马洛斯的信号与需求，并试着赋予他对情况的掌握力。同时她也试着用稍微安静的声音与更多的变化方式来讲话，以便更能在马洛斯的听觉过敏症中接触到他，此外当她问马洛斯事情时会明确地触摸他。我们以这种形式进行了许多治疗时段，让马洛斯持续地建造与玩同样的东西，不过当妈妈与他说话时，马洛斯更常看向她，也更常回应，所以我们能够确定他对关系人的注意力有所提升。

在先找到正确的对谈形式以及使马洛斯能够在治疗中发展安全感后，我们接着透过对第二个构成要素工作来试着建立他与母亲的情感关系。

母亲为此在游戏中加入一些游戏性的小小挑衅动作，比如她并不递给马洛斯笔直的铁轨，反而给他一段弯曲的铁轨，并声称它是直的。此时她会微笑等待，并看着马洛斯。马洛斯首先会生气地纠正他的母亲，但当他看着她的眼睛时却也必须微笑。他们会一起取笑她的“错误”！而且同时彼此间还会出现有关笔直与弯曲铁轨的简短对话。

这样的小“误解”、小“错误”等等会越来越常出现，然后从中也形成更多元化的互动，而像喜悦，有时也包括愤怒等感受也会在不让马洛斯陷入失控状态的前提下进行交流。

我们就这样共同在研究所内以及在父母的家中针对情感互动或不同的层面工作了数个月，直到马洛斯掌握了适龄的功能性情感构成要素。

史丹利・格林斯潘认为情感交流在一段关系中具有核心价值，也是所有治疗构成要素能否奏效的关键。因此所有对孩子的工作，不论是康复训练、意义治疗（Logotherapie）、生理治疗，或是协助写家庭作业等等，都应建立在关系与情感互动的基础上进行，以便能发挥出永续的效力。

结论

我们因此可以确定：自闭症会在一种复杂的互动过程中发展，这一方面包括生命觉失调或是特殊的感官特征，而另一方面则是与主要关系人之间的互动关系障碍。这两项因素“生物学基础或感官系统或生命觉”以及“关系或情感互动”会在其发展过程中相互诱发。

我认为相当重要且必须再度强调的是，自闭症乃后天发展而成的。它并非与生俱来，而是在核心症状中——即沟通与互动受到妨碍——因无法成功发展关系或关系发展不足所产生的结果，而这个结果又再次成为其他发展落后现象的原因。同时，感官失调仍旧是原因，也因而随时都连带影响着个人的症状图像。

这些观点提供我们：

1. 一个架构，让我们深入了解自闭症障碍的图像
2. 进行存在着微妙差异之个人诊断的手段
3. 对于至少在儿童年龄还能透过治疗发挥关键效力的合理希望
4. 在两大原因领域中进行精确干预的基础

a）只要我们掌握使生命觉成熟的措施，也可能要参考其他感官整合与补强生命觉成熟的方法。

b）我们将治疗行为专注在关系与互动上，而且要去配合孩子的特殊感官特征以及配合他们有关功能性情感里程碑方面的发展程度。

（安涅特·韦尔兰德）

有帮助的事物

——娜汀·泽曼的报告书

友情：有人相信我[1]，且看到我的潜力，并不断提醒我会做哪些事情以及正在学会做哪些事情，然后近乎期待地看到我在该处的成长。渐渐地，在我自己体内的许多范围会开始出现这种声音，就像在最深的底部、极为细小，但当我静下来便能清楚地认出它来。

不久前，一个重要的朋友对我生气并训斥我，要我最好记住自己对她有多重要，并告诉我与其用无法做到的事情来辨识自己，还不如努力做我会的以及属于我的特质的事情；这件事让她感到相当不快。因此我现在常常有办法成长到超越自己的境界，并接纳自己。

对我很重要的某人陪在我身边，可靠且安定。即使需要数年我才能看到与感知到这点，但这个人一直陪伴着我，直到我开始有办法接受与感受为止。这

[1] 为了保持叙述的生动性，本篇中的“我”为患者本人，不是医疗师模仿患者以第一人称写的。

对我产生的确切影响正在形成中，其中一点是开始（即使我重视的那个人不在场）明白我们拥有一种从最初延续下来的连结，而且这会以某种方式在我的内心累积一种让人安心的安全感。我无法明确说出这何以如此重要，我只能从感受与反应上看出是这么回事。我知道这与学习融入依附关系有关，也还有多年的路要走，同时我也察觉到这将牵涉到如何实现与他人的交集与关系。

治疗中的**依附关系工作**对内在幸福感至关重要，也有助于更愉快地建立人际关系。这也降低了持续性“困境感”的出现频率，让人更有可能去面对该感受。整体来说，困境感是种模糊的感受，即感觉所有发生过的事情以及所有那些虽未发生但被感受到的事情会对生命造成威胁。而后来此感受几乎完全消失了，当其再次出现时我知道有人陪着我，我不必独自克服一切；而当我觉得不舒服的时候，我也越来越能表现出来，因为我能承受被人看见与感知。

我需要数年才能感知到他人所提供的依附关系，而我更需要一段很长的时间才能够融入其中，因为这让我感到很不习惯。当孤独一人还是令人如此难以忍受时，我几乎无法想象这最后可能代表什么意义：我因而获得了一段关系，尤其是与怀着真心情感的人。首先是与我的治疗师，但同时也与一位很要好的朋友，渐渐地也跟我自己，然后就我所看到的，我也与自己生命中的许多其他人建立起关系。我开始慢慢地去体验之前常听说的“人们能够在自身中拥有自己的基准点”这件事，然后我可以观察它是如何形成的。虽摇摇晃晃，但始终坚持。而最后也能体验到一个观察机制如何在我心中成长，我的治疗师数年来固定提供给我的事物开始变得如同一个内在机制，而此机制能连带检视我自己的反应或是我在一般情况下难以忍受的时刻。它偶尔甚至能够进行协助性的介入，而且是在我本以为已无转圜余地，自己将无助地暴露在自身身体反应下的时候。

常凌驾于一切之上的孤独感现在也会因此获得另一种特质。我所体验到令人惊讶与美妙之处在于，我开始在我喜欢的人或重要的人不在场时依旧知道有他们的存在；即便他们正身在他处，但他们还是“与我同在”。之前我从看不到彼此的那刻起就再也感受不到那个人，即使感受到的也只是对他们的模糊记忆，但内心却不再肯定地知道。这包括我不记得人的名字，而比较能记得他们从事的活动，像是面包师、商店老板娘、数学老师等等。当有新的人来到，人员的更换鲜少困扰我，我反而更在意人们后来看起来不一样、动作也不一样所带来的其他习惯，这在干扰着我熟悉可靠的惯常程序。今天我可以明确地说，以前的我是倾向以实用的眼光来认识与分辨他人，而不是把他们视作不同的个体。虽有例外，但大致如此。

此时最重要的是从那时起在我心中增长的大量安全感。而经常伴着我而且我也能感知得到的幸福感，则越来越倾向稍纵即逝的感受，人变成了具有人性的人，这令人感到相当愉快，因为这样比较不会产生对他们的恐惧，特别是与朋友及家人间的联系品质似乎有显著的改善。整体而言，这是我的生命中第一次存在着生命品质。

以前，我内在的整体之间并没有关联性，对我而言，语言显得非常遥远，身体似乎是遥不可及的“地方”；在几乎仅存反应之处，在甚至无法感知当下的恐惧也无法感受到身体需求之处；在既无“我”也无“其他人”概念之处；在至目前为止回忆几乎找不到管道之处；在仅有“无止境的现在”的地方，没有开始也没有结束。

在既存的依附关系中的某一个人，如果可以陪我前往那似乎遥不可及的“地方”再回来，并且我允许他一起进入我的内在。这件事就会改变某些关键，例如将平静、稳定性还有信任或新希望带入日常生活的事物中，我可以期望我的人生不要非黑即白。但是如果我不面对许多状况，就注定无法了解或必须带着众多不同反应来等待事情结束，又或者会偶尔失去回忆脉络，或是必须诚实面对自己。而我隐约感觉到将来会出现意识，或许哪天还会出现选择，让自己能够主动去介入。这种状态甚至可能高度地整合，使我在日常生活里不必那么频繁地面对那些状况。但由于这属于较新的情况，我无法形容得更加仔细。

即使害怕也要说“好”的决心乃是关键，它与想变“健康”的决心，与所有的结果都有关。我一开始练习说“好”的结果是接下来无法再理解任何语言，但其实在一般情况下我是可以理解那些语言的。也就是在我观察一切事物的来龙去脉时再也听不见谈话，也找不到语言来表达。

此时会出现不同类型与强度的身体反应，这包括新的、未曾遇过的情况，一直到某些我无法掌握身体的时刻，好比说充分意识到我一动不动地站着，不知道可用我的四肢与活动来实现什么事。

这份决心是长期下来的关键。我本质的核心想从亚斯伯格症中摆脱出来，每天，有时是每小时，我都必须重新下定决心。这就像幅内在图像，是从对人际关系可能性的观察里所产生出来的。这是一幅内在图像或是一种感受，去感觉到凡事皆有可能以及自己想朝某个目标前进；以前我称之为变“健康”，在将近十五年后的今天我知道，人们能贴切地以“稳定化”一词来形容，如此一来我才真的有办法开始真正学习，开始与自己从活泼生动的生命里所了解到的事物建立真正的联系。小种子现在终于发芽了，它能发芽是托所有人的福，他们整地、灌溉、等待，又不会对种子与幼芽揠苗助长，这与决心之所以能够开展是密不可分的。

以每天五次的节奏在固定时间吃些东西。早晨的早餐，之后的茶点时间配一点饼干，然后午餐，接着茶点时间再配些饼干，接着是晚餐，就这样每天、每周，一整年地持续下去。大部分时候吃类似的食物，但也用一周以上的时间来挑选许多新食品，并以这种可靠的方式来增加变化度。像是在周一大部分提供米饭或在周六公布其余食物，安排一天吃鱼并在周日吃得较丰盛些等等，这些都有帮助。

至少在一开始，我可透过用一年的时间，每周安排不同谷物的方式来学习感受时间。每逢周一米饭、周二大麦、周三小米等，经过大约九个月后我就能感受到“时间”，并能透过生命体知道今天是周几，而不只是抽象地透过思考。

我在头几年也以类似方式透过生命中极为可靠的活动结构而体验到相同的现象，每天独一无二的事物会清楚呈现出差异。而不论是有着许多类似事物或是每天都有其独特之处，两者都同样重要。也就是要有能将一天辨别为独立一日的条件：有烘焙日，有我们所有人去开会的会议日，有较少活动安排的日子，然后有煎饼日，有我空闲的日子，有团体合唱的日子。我接着就会知道，当有人约我周四的活动时，我会问那是不是烘焙日，假如答案是“对”，我就知道还有多久的时间；假如听到“不是”，我常会继续问，直到我找到属于那天的活动为止，然后我就能够吸收、记住并以某种方式去感受那在何时。即便有着固定的日程，进行零星的改变也是有可能的，我的上司事后告诉我，假如他们提早三天告诉我行程的异动，那事情往往会很顺利也没意外发生。这在今天依然如此，我喜欢提前几天来一丝不苟地考虑新东西，重要的是要知道往哪边去、往哪里坐，也就是说，我最好应该或可以停驻在房间的何处，哪些是不可或缺的活动。接着我就知道要克服此情况整体看来是办得到的。

自己做饭很有帮助。这让我能认识食物，渐渐去感受它们不同的质地并学着去忍受。一样接着一样去嗅闻，用双手与刀子去感受坚实度会以某种方式引发好奇心。我只能尝试一些些，主要先以生食为主，因为这样我能够去调整。透过自己做饭我能可靠地知道自己掺杂了什么，我也同样知道自己绝对不会掺杂什么。重要的是我不断把所有食物煮到同样的熟度，不会太软也不会太硬。我知道做饭活动本身，包括削皮、切块、烹煮、嗅闻、调味等等都连带帮助了我，而现在就连食物闻起来很香也对我很有帮助，不过这必须从我花了几年去认识各种气味，并能归类它们之后开始。我现在也能辨认气味组成，不论是单一或是作为整体，并能感到期待美好滋味的喜悦。透过此能力，我从一开始就能做出好料理，而人们也喜欢吃我煮的东西。

这边也要提到特别有帮助的食物搅拌器。许多食物未经打泥我就几乎不吃、难以下咽或吃得心不甘情不愿，在使用打泥器后它们变得可以下咽，我喜欢吃它们，不论是水果、汤或是某些酱料。食物往往是口味与坚实度的混合物，这让它变成一口气“过多”的感官印象，例如加了果粒的酸奶，果粒单独吃很好吃，酸奶单独吃也是，但混在一起可能会使我作呕。我喜欢在酸奶中加入水果泥，或是在他人的包容下一样一样地分开吃。

另外一点需要提及的益处是，我有一位朋友，我会跟她约好一起尝试新东西。我用来判断自己是否喜欢某种食物所需要的量原则上比对方预估的要少很多。相同的东西会一试再试，如此一来我的食物清单出现了显著的扩展。

与土地联结的生命以不同方式帮助了我，我感到更高度的关联性，乐见并珍惜万物间彼此结合，以及万物以某种方式产生彼此。跟植物、土地以及后来与蔬菜的工作帮助我许多。播种与等待首次绿意展现，看嫩芽何时出现，检查水分是否充足，学习去“感受”植物需要多少水才不会太干或太湿，而不要“想”太多。第一片叶子在夜间冒出或播种期间长出许多嫩叶时所带来的喜悦，不论情绪如何都几乎不会影响这个结果。当植物只是生长而（似乎）没其他事发生时应有耐心去陪伴。内心不要只在等待植物破土而出的那天，同时也要准备好照顾它以及除杂草，也就是学习去知道为了让某些植物能好好生活而杀灭其他植物是必要的。我花了一阵子才学会要让两者同时生存是行不通的。经过这一切“殷殷期盼”后——我打趣地这样称呼它——去发觉最初的花苞与花朵。知道现在又有新事情在发生，而不久后我又需要耐心等待果实成熟，不能太早也不能太晚采收。此时内心最困难的地方在于——到现在还是——不要太过仔细地看待它。不光只注意到完美的日子，还要去学习或是说去感受某事物成熟的时机。当终于可以采收时，我到今天还是一样喜爱在早餐时咬下一口新鲜的小黄瓜，一整天吃着温暖、新鲜的马齿苋沙拉，或是吃一颗新鲜现采、带着芳香气味的鲜甜番茄！

不吃糖，这是在听说了糖会造成孩子的不安与埋怨现象之后，某天我透过对自身观察所发现的结论。在我身上，糖会明显降低我对压力、情绪与印象的容忍度。摄取了糖之后我明显会更快产生侵略性、愤怒，找不到内在支柱，有时我会仿佛丧失所有已习得的自律能力与可能性。我一开始以为只要等到下午就行了，因为我知道一般来说我在下午的时间较能控制自己，也比较有宽容力，而这几乎会精确地从下午四点开始。我一直都能固定保持稳定的情绪，但在吃了甜食后就会无法克制地愤怒起来，并去争论枝微末节的小事或是单纯地感到暴躁与悲惨，因此之后我时刻提醒自己我的“糖分决心”，并把甜食放到晚饭后再享用，这样至少会让我更能够明确地管理日子。以往在同事之间或是私人生活里，我的内心到了晚上常会紧缩有压迫感而无法放下某些事情，或是因为所谓微不足道的小事而变得暴躁无情，但由于现在绝大部分的反应已明显变得更稳定，整个粗暴的感受也变得更温和，这唤醒了我更深层的好奇心，我在自己身上进行了几个星期的“糖分小实验”。我借此发现在吃了饼干或巧克力后会有二十到三十分钟的时间感觉自己变“瘦”了；吃了糖后我的身体内部开始躁动，我几乎可以看着情绪失衡如何闯入我的感知以及一种细微的深层刺激，人们也可称之为一种比较像从生命体本身涌出的兴奋感。高频率的震动、一阵蜂鸣声，这感觉起来就像瓦解的开始一般。虽然我能完美地观察，但这些知识依然毫无帮助，愤怒、挫折、压迫、烦躁或逃避趋势于焉产生，我也较无法顾及外部的感知。不吃糖的话，整体情况会好管理得多，但这不意味着某些现象会因而消失，没有这种事的，只是诸现象（或许）会变得更加温和而不那么急促。

与许多不同的人一起生活会有帮助。因为这会渐渐让我看到并共同体验到许多相对健康的人际互动，而这又会唤醒我对这些接触的渴望；多年下来这也让我有办法去认识与感受到当自己有机会面对这种接触时，我本身其实是无法自发性地去接纳、建立、维持或仅是参与此接触的。就是这种发自内心的认知让我至今依旧持续不断地去练习，而同时我也能认识到自己现在常常能得心应手，只有在少数情况下我才会无法应付而依旧抱持着极大的不确定性。而且看来我在某些范围学会相当多东西，我甚至能贡献所学来协助他人，这让我相当高兴，也让我有些骄傲。

所有在我生命中出现的各种人，让我能于现在或数年之后看到他们如何拓展了我的行为可能性。我在早先几年已知道观看别人洗碗这件事其实是有帮助的，人们能以各种不同方式有效率地去洗净与擦干，或是有许多各有千秋的烹饪方式来处理蔬菜，透过此方式来认识它们，之后我就能自行去变化。这完全切中行为以及人际关系等要复杂许多的领域核心。现在我的日常生活中几乎没有亚斯伯格症的迹象出现，我发现有时甚至只靠着较平静的神经系统与较轻微的反应模式就足够了，而多年前所体验到的经历则会转换成为我手上所握有的资源。

还有助益的是，始终有人不论我的一切特殊性而依旧喜欢我，能包容我先前不好的态度，并不断地等待着下一步同时又不会过于强求。不会过度期待，但也不会被动不在乎。在我的回忆中，这些人倾向于主动而几乎是体谅性地等待，好像他们早已能看到事情的发展方向，并为我保持此空间的开放，在我成功改变或放弃某事时做出反应。我非常幸运身边常有这种人，他们不会每天都重新期待旧有的行为模式，他们会比我还早辨认出发展与改变，而且不会马上就诉诸言语，因为我要过几天后才有办法形成直接反应，而不是在刚尝试新事物的当下。晚个几天甚至有助于记住事情并接着想重复它。

有机会练习也有助益，例如练习闲聊。大致上我能跟自己感兴趣的人进行深入的谈话，但我欠缺的是表面礼貌性或是所谓初次见面打招呼的交谈，以及所有属于闲聊范围的行为模式。我不知道人们能说、能问哪些句子，也不知道哪些事情并不适合在当下场合说与问，另外包括像是大量眼神接触，大量倾听，大量安静、坐下或站立，大量的面对或转身离开，人们参考哪些过往的人生数据，何时谈论天气，何时谈论符合情况的主题、肢体语言、谈话的长短，以及我如何去面对当自己做了某件不对的事情时所产生的一切内在表现（别忘了我很晚才认识到何谓感受)。我如何面对对于刚刚谈到的内容缺乏兴趣的情况?闲聊从一开始就像有意的谎言:说自己不在乎的事,问自己不感兴趣的事,当话题提不起自己的兴趣时还要倾听,同时保持一种中立的表情,而我感兴趣的事却偏偏没人问、没人提,即使当我受够了这个情况或是这已经超过我的负荷时也不能走开。这一切都必须一步步地去认识与练习,而我需要许多能陪我练习的对象。一开始是简短对话,还需要场景让我能从旁观察同时保持自律,而之后更需要有人愿意且能够对我解释更多细节。因为我发现,绝大多数的人几乎不用思考就已经会闲聊了,所以他们长期下来也还不知道怎么用言语表达其中的来龙去脉,他们也不知道如何列举自己会的细节。

当我比较懂了之后才发现,这就像是一个工具箱一样,我现在始终随身携带着它来提出不同的问题、答复与主题。幸好这个箱子能任意扩充,而它帮助我在更多元化的道路上与他人建立联系。而在我成年后能在不引人注目的情况下参与不同的场合,也能与自己感兴趣的人建立联系,之前偶尔做不到的事情都可以运用这些工具,例如在工作上、在采买时、在火车上或当有人在街上与我攀谈时。这些在过去都是压力最大的情况,有时会造成我可笑的互动,但回顾起来可能也是与他人相当有趣的相遇,而这又会让我大致上感到更安全。

学习讲出各种感受也有帮助。我熟识大部分感受的名称,但还有很长时间并不了解其意义。听到“感受”这个概念我会产生不同的期待,它迥异于我事后认识的感受。今天我会说不论是被归类为美妙或是令人不快的情感,对我而言都是无法忍受的,这比较像一种体内综合征,或是被汇集在单一概念下的不同身体现象。所有这些似乎毫无来由就出现在身体中的现象:一来令人感到害怕;二来它们一口气来得太多,让人无法掌控;三来它们难以调节,所以更令人害怕,而且因为未被点出来,使它们几乎不存在于沟通过程之中。上述各点连带在短时间内使人失去那早已千疮百孔的整体关联性,最终只剩下数不清的身体现象,它们似乎毫无章法地显现并战胜了我。我同时也失去了对周遭、他人、事件经过、身体以及对作为基准点的自己之间的关联性。这往往是无声的，因为难以找到或根本没有言语可以形容，只有我体内这反复不受控制的过程。只要我找不到适当的言语，这就无法从其他复合现象中被分离出来（例如喜悦明显有别于哀伤），因为它像潮汐一样袭来，同时带来身体上的压力反应，我现在不想多加描述，但此反应中还会引发其他层面的症状。

过了许多年后才出现了某些人，他们会描述自己体内的个别感知过程让我理解，而我终于才能与一般人所说的各种感受之间产生了关联性。

喜悦的时候体内很容易就变得温暖，然后在稍微放松时会出现一阵震动，肌肉组织改变其基本张力到近乎发抖状态，呼吸改变、仿佛加快速度，某处出现一阵轻微的刺痛感，眼睛中有某样东西产生了细微的变化。注意力的焦点改变，大脑内部仿佛产生了一种感受，像轻轻地蜷缩，单独来看这其实蛮舒服的，有时在胸膛会产生一种轻飘飘的振动。类似现象也可能出现在生殖器部位，有时也会同时发生或迁徙，内脏可能以放松的状态参与此过程，这是一种人们能形容为轻松的感受，体内常常还会产生一种运动冲动而使得疼痛感变得和缓或暂时消失，并出现一些其他较轻微、可能有所变化的表现。这有可能突然出现或是逐渐缓慢地增强，每次情况皆不尽相同，重点就在于这些不同的现象每次都或多或少地受到感知，这取决于我当时的状况，看我是不是疲倦或饥饿，而强度则可以有很大的变化。对我而言，万物会碎裂成各种单一现象，并一口气冒出来，我该怎么知道这一切能简单扼要地被理解成“喜悦”呢？唯一一个字就道尽了这一切！尽管每次感觉起来都像全新的一样，却都是用同一个字来理解。这相当发人深省，但将所有部分拼凑起来是相当有益的。有人在某次跟我解释了以后，我也学会去汇集与讲出其他的复合现象，而这在至少大多数的情况下可做到。我在某些较少数的情况下仍处于学习阶段，我必须更粗略地安排归类条目来学会应将该现象归类至何处。而已经演练过的现象本身似乎能迅速地汇集到对应的字之中，细节本身甚至不会再进入意识里，我觉得这相当能减轻负荷、安抚情绪并易于管理。但只要此现象极强或一口气发生太多，便依旧令人难以忍受。

哭笑同样属于这些现象，而且似乎必须单独习得。但我还没办法描述太多，因为我正在学习与练习。

讲出各种感受，而不局限于喜悦，这也可以由某个外在的人来帮我说出感受。当我身上或心中发生某件我无法归类的事情时，这个动作常常会对我有帮助；假如接着能有人建议一些感受让我可以找到正确方向时，我会马上感觉好很多。我能更快冷静下来，身体能找到其反应，例如哭或笑，能深呼吸并感受到宁静，然后我就能继续走下去。我仍在练习面对强烈或复杂的感受，例如突然的喜悦或悲伤，而且依然难以管理它。如果我从外界受到的帮助越多，就越能渐渐学会自行归类。不过我偶尔还是会忘记，假如此时有人告诉我刚刚可能感受到了什么的话将会很有助益。我发现这其实相当安全，因为"错误"的建议不知何故并不会在我心中产生共鸣，即使如此它们依然能带来平静，因为我自己记得复合情绪也可能是一种感受现象。

跟其他领域一样，帮助只有在不加期盼、无成功压力且最好几乎是以顺带提供的方式才有用。这也包括了不纠结于某一感受或坚持现在立刻就要找到并讲出正确名称来，这并不是我们的目标。帮助应该是提供机会给我，让我能够自己去应付事情，而这有时须等到人际接触结束后才会发生。

今天，感觉在许多角度上即时发生，就像我所假设会发生在其他人身上的情况一样；感知综合体仿佛马上进到一段感受过程中并与对应的字眼连结，而只要它是中等强度的已知感受，人们便能理解与管理它。我仍旧需要练习面对陌生与强大的感受，以及在人际范围内所引发且必须在该处处理的感受，还需要一个能够接受归纳性谈话的对象。

耳塞的帮助极大。它们表面上看来虽然只是小小的协助，但却有巨大的作用，特别是关于承受日常生活中的声响一事，例如吸尘器、搅拌机、榨汁机、搭飞机、嘈杂的夜晚，尤其是会打呼的人、钻孔机等，耳塞让上述事物都变得有办法处理，在城市地铁上耳塞会阻隔其他人的音乐，或是当有人的声音让我无法承受时，都可以利用耳塞来大幅减轻。我们可以用耳塞来控制一般噪音的音量，在电影院中可以坐在几乎任何的位置，也能去新颖、更现代化的电影院。戴耳塞也使除草变得较舒服些，在充斥刺激的日子里，人们也能借助耳塞来降低各种印象的强度。当搭汽车的持续声响让人不舒服，以及面对其他更多情况时，都很适合使用耳塞。

此外，当某人对我的心理状态或我一天的体验或是对某特殊情况感兴趣时，也对我很有帮助。例如有人问我“你最后一堂课或班级旅游怎么样？”抑或“你好吗？”而且最好像是附带一问，仿佛顺便而不那么刻意为之，这会大有帮助。或是首先简短讲一下自己的事，好让一种联系情感得以形成。当我已经与人建立起一种交谈文化时，我常常只要单纯等到自己开启谈话，或只需问一个问题，最好是一个我很清楚自己能记得答案的疑问，问那些我能公开以“是”来回答的问题。接连回答太多答案为“不是”的问题会很快地造成压力，这会使回忆失灵，而自己也无法再讲述任何东西，如此一来会需要很久的时间才有办法再度开始讲述事情。此时譬如一同切切蔬菜、做做手工或是一起做些什么事情会有莫大的帮助，散步也相当地适合。当我顺利找到回忆清单时，桥梁又重建起来了，我感觉更安心，也更容易来讲述关于我自身以及曾有过的体验。“眼下”的情况常常占据了关键地位，仿佛我联结不到先前体验的事物，不论是一小时前、昨天或远在预期内容之前发生的事情都毫无例外，体验常常就像是消失了一样。假如我的交谈对象知道某件我正好忘记而只剩一种模糊意识的事情时，会让我感到相当恐惧。

此外我也常遇到某人问的东西是自己不记得或觉得不重要的情况。某物当时在哪边、有谁在场、我们做了什么事、从 A 到 B 有多少公里、我是否在那边看到了 XYZ 或是某事持续了多久时间，此乃一个有着太多可能性的大哉问。一个可行的起头话题为：我吃了什么东西，我搭了什么交通工具过来，即最好是框架性的实际情况。也许我的背包中一直都有食物，这就与之有了关系，而交通工具是最后的印象之一，常可作为开启话匣子的点。还有关于我何时回家或是我记得什么事件皆可奏效。此处的关键也不在于我喜欢与否或我觉得食物好不好吃，因为其中有着太多的印象，让我无法可靠明确地将其记录下来。我想讲的内容会是我最想讲的或是我正迫切渴望的事情。

可惜很少人会问我或请我讲述这些或类似的事情，当某几次有这种情况发生时，某些人会对我觉得重要与可以记得住的事情感到吃惊，这使我感到不安，我也因此不想再继续讲述下去。但我知道我周遭有许多人抱持着不带成见的立场，我认为这是最美好的事物之一，他们也可以对我做相同的事，即直接讲他们的故事，往往从这点会产生出最美妙、最深刻与最有趣的谈话和相遇。

在新环境中运用已知事物来做定位基础也会有帮助。例如在人际关系中最爱的问题：你几岁？当我很紧张时会在脑袋中问自己这个问题，一小时可高达三十次。若情况允许的话，我偶尔还会再大声地重复一次这个问题，因为这非常有安抚的效用。即使我早知道和记得答案，这对我其实根本无所谓。或是当我紧张到其实无法真正听见，更遑论记得事情时，提问的这个动作还是会有帮助。另一件事是打开垃圾桶盖子再让它落下，因为这会发出已知且固定重复的声响——在新环境里或在新情况刚要开始之前或刚刚结束之后。

有时我会用嘴巴跟声音制造声响，而当有人对此有所反应时会马上使我感到羞愧，它几乎是潜意识进行的。当其他方法行不通时，独特地塑造呼吸也是一条路。当应该保持完全低调或当我很突然地在一个较公开的场合被抓到带有许多内在反应时（例如在一场会议上），我会玩我的肌肉。

当空间属于新事物的一部分时，能有时间独自认识一下该空间会很有助益，去上厕所会是座桥梁，因为我得以碰触墙壁并一个人静一静。或是假如某人真的很想帮忙的话，可静静在旁回答疑问，以及听我跟他分享我所感知到的事物。

假如我能短暂触碰那些让我彻底安心的人来作为依靠，然后再继续观看，再反复触碰与继续观看，如此会很有帮助。这在今天仍是种莫大的协助。同样有益的还包括能坐在我想要坐的地方，并能保留这个有过一次关联的座位，知道我在房间内有个相当可靠的基准点。因为当各种反应变得过度剧烈时，这将是唯一的参考点。

能在接触过程中转头离开或面对他人，这种最安定的感觉也有助益。当多数情况成功时，原则上我就能很快地自行调节，而不再需要许多行为。

在这层背景下，对于可能会引发新压力的事件进行计划和准备也会有帮助，例如提前十分钟抵达并熟悉环境，事先在家练习吃面，还有与朋友事先演练可能的情况。

有时局外人难以忍受的似乎是下列现象：即使是突发事件也“必须”属于某个新场景及其后续的所有过程，且每一次都要重复。例如我在第一次看医生时电梯坏掉了，即使之后电梯早已重新运作，我还是会走好几年的楼梯，这会带来安全感并被视为一种融洽的单位而储藏在我的内心里。就算现在我拥有反思的能力，往往还是难以重新分解这种经常不切实际的单位，并只保留下关键部分。我必须承受几次没有已知演练的情况或从中创造出一个新的场景，我可以透过改变地点走另外一条路，或是不走路、换骑脚踏车，或进行另外一种行为，如在朋友家喝咖啡，并借此改变整体过程，这可以说是将一切打破成更小的单位。透过此方式，较小单位彼此间可以组合、互换且非常适合运用在日常生活上。

睡饱是有益的，但并非白天毫无节律地睡眠或过度睡眠，另外也要**规律地饮食与穿衣服保暖**。稍微饥饿、疲惫、身体变冷并觉得寒冷，长期下来会有负面影响，就连现在也是，因为整体耐受力的门槛会有所下降，准确来说这三者几乎无法切割，也会彼此相互诱发。此处睡饱的意思不是指睡得很久，睡饱这种深层感受必须要遵守规律的睡眠节奏才可能出现。一旦被打乱，就会需要一段时间来重新建立此节奏，并进而能够睡饱。有规律代表在接近的时间就寝、在接近的时间起床，而不是睡太久。像我需要超过八个小时的睡眠时间，而即使睡不着也还是躺着来让身体有时间休息。我所需的规律睡眠时间为整整七个小时，另外加上短暂的午睡。

假如我有睡饱的话，寒冷感往往会自我调节，我可以非常清楚感受到自己的身体需要什么来感到舒适。饮食节奏则跟随着睡眠节奏。

我到了年纪较长时才认识到自己穿得稍微过暖一些是多么有帮助。长久以来，我的状态都是要透过检查双手或双脚是否冰冷才发现自己其实会冷，此外，身体发抖也是种很好的提示。而现在我知道寒冷更倾向于内心的感受，这在更早前就已经开始了，有时它跟四肢的冰冷根本一点关系也没有。世界上还有因疲倦而发冷、因情绪而发冷、因压力而发冷等情况，而后者似乎相当常见，它会伴随着深入肌肉组织的收缩趋势而生，然后再加上一定的僵硬度就会在本应美好的日子——即使有睡饱以及吃得还不错——也导致不适感。耐受力会跟着降低，而因为我会冷这件事往往不会穿透到我的意识之中，所以干脆从头到脚都穿得过暖会很有帮助。我花了几个月来习惯这种更温暖的状态，而在这期间内我几乎感觉它是令人不舒服的，它有很长的一段时间就像我所必须习惯的一种新体温：更舒服、更放松、更加维持的姿态与更安全，神经系统就像被温暖包覆住，这会使我较慢做出过度反应。

发烧会有帮助。在发烧的状态下我的思路最清晰、最平静，然后能够最佳地阐述自己的事，能拥有情感却又不被其淹没，也最接近我所描绘的他人身上的“正常”状态。这就像暂时摆脱了身体过度反应、抽动症、狭窄、接触障碍、触碰恐惧、过度敏感和体内的不安。我始终感觉发烧好像把我整个人摇醒，让我在这几天不受身体的摆布，仿佛自己体内突然有个位置能让我住在里面，使我暂时摆脱亚斯伯格症。

直到最后这两年我才认识到别人总是说发烧不舒服是什么感受，这对我而言是种全新的经验，之前我很高兴自己能发烧。

从以前到现在一直都很有帮助的是，偶尔放假一天，并安排很长的休息时间。放假代表没有音乐、没有电视，有时也没有书、没有人群接触，吃味道完全相同的食物并只待在自己的房间，不到充满各种美妙印象的外面去。有时这甚至代表凡事都必须暗下来，躺着不睡着，这并非忧郁症，而更像是观看着神经系统关机休息。这有时会需要数小时，直到出现一次深呼吸，直到肌肉组织放松，直到身体的嗡嗡鸣响停止或至少降低下来，也直到不会对每个细微声响的出现都带着惊吓反应，直到疲惫能够再度受到感知、平静降临，而此状态会有如幸福感般地出现。

当我与喜欢的人取得联系并且能接受这层关系之后，目前最有帮助的是有人陪我一起躺着或是躺在我的身边。如此一来，当有身体接触时，就好像我的机体从另一个机体的角度观察，并能学得更快。但当我感到不安全或受到过度刺激时，身体接触则会造成反效果（在以前身体接触永远只会有反效果），即使自己其实对身体接触有所渴望也一样。此处的身体反应也跟许多其他情况一样，往往与我的愿望相左。我的印象是，所有的感知都过度地刺激着神经系统，再加上某一网络联结不懂得如何处理这些印象，而这些已然过多的过程又再度逾越了另一尺度，接着就出现死机的状况：既不能健康反应、冷静下来、理解、沟通，也不愿意去接收意义关联性以及外界所说所做的事物，而唯一能安抚人心的，只剩下已知与不断重复的事物与活动。接下来整个生命体都会处在一种任凭自身身体现象摆布的状态。有趣的是，这是种会被我认为“正常”的状态，因为一时半刻不会有其他任何东西出现。平静在刚开始降临时是非常有威胁性的，因为它是完全未知的感受，也没有话语可形容它。因为已知事物会以独特的方式让人感到安全，此安全感更胜于那些也许更令人愉快但却未知的事物。而我在更加平静的状态下会产生截然不同的印象，不像一切都承受着过度的负担，这点我也还需要练习。平静帮助我能真正学习、遇见自己、能产生兴趣、能参与生命并能选择，而不仅仅限于反应；是生活，而不只是生存而已，感觉起来这两者现在正在相互比较。而认识各种感受也有帮助，不只是身体反应或现象而已，还要认识能代表“感受”的一切，去感受另一个人。不要凡事只有透过思考来理解，偶尔也要学习承受令人不舒服的事物，而不必马上逃离或无法继续面对该情形。让自己保持选择的能力。

得以透过旁观来学习，然后能独自安静地模仿所有事物也有帮助。从少量到毫无说明，某人带着我的身体跟他一起做动作，而最好之后让我一个人单独练习。练习时间最好能有几小时，或是有整个下午的时间来做其他的事情。大部分时候都不需要来纠正我，除非我开口请求，同时最好能有擅长该动作的人准备好再做一次，让我看清楚自己想知道的那东西到底是什么。这需要一些时间，直到我能感觉自己的身体正在进行那些在旁观过程中所感受到的事物，而隔天的情况常会明显优于前一天。当之后有人再度鼓励我或坚持我应该继续做该事或重新尝试时，则往往会有所进展，假如这个人又是我重视或喜欢的人的话会更有帮助。当“喜欢”与“关系”牵涉其中，而我想为这个人尝试一下时，我似乎能尝试更大量的事物，并能接纳之。建了一些桥梁，通往我不想再错失的事物。但这样一座桥梁在不认识与不喜欢的人身上起不了任何作用，而且上述的一切似乎只有在不抱持预期态度与没有压力的过程下才行得通。

来自外界的纠正并无助益，尤其是当我没有开口请求时。假如人们能包容我的学习、练习和“尚未学会”，在我还没自己克服之前都不会有人逼我，或是对这些状况能事先进行协商，都会有很大的帮助。唯有如此，我才能有足够的开放度来接纳各种纠正。重要的是对方只需回答我所提出的问题，不要过度主动亲切地提示或说明还可能有哪些特殊情况，或人们一般而言会如何应对等等，这会造成过度负荷，并导致我想逃离该情境的反应。若对方无法做到这点，就会让我在晚上时开始感到难过。

直到今日，“言教”对我一直都是最差劲的学习途径，兴致高昂时我可以透过此方式稍微吸收一点点讯息而不会再多了，但所有无趣的东西则难以停留下来；反之若能联结到我已熟知或感兴趣的领域来学习，或从感兴趣的领域中来提供例子则会顺利许多。言教只是涉及吸收资讯与知识的一种学习途径，并不适用于活动、行为历程或人际互动方式。当我借由语言理解了某事时，离我真正能做到该事其实还有一段很大的距离。此乃一条在本质上不同的学习途径。

要真正吸收新事物只有在没有压力以及我并未忙着处理自己的身体反应时才有可能。虽然我可能会复诵或将所说的事物牢记许久，但其实我并未理解它，也没有与它建立起某种关系或开始某些行动。直到今天我依然带着许多抽象破碎而缺乏进一步关联性的资讯，有时我运气不错，因为有人对此提出了个疑问，接着这些单独的资讯就能够在他人身上找到合理的关联性。

透过行动与某人一起学习，在有意义的日常行动里认识新事物，例如清洗衣物、煮饭、擦干、折衣服、除草、扫地、清洁、开车、坐电梯、挑选并购买衣服或是去看电影。要学习所有这些事务最好的方式是有人能陪我做一次、两次，最好能三次。而若能观察到“在某一情境下所学会的事务无法单纯应用到其他情况上”这点，甚至对我这样的人也会留下相当深刻的印象。譬如我必须分开学习扫地与耙树叶，或是当我学会去看电影的流程后，我依然会有很长的时间不懂如何去剧院看戏，此时最好还是能有朋友不对我加诸奇怪的评论，而单纯愿意陪伴我做这些事。搭电梯这件事本身虽然极其类似，但我还是有好几年的时间未曾踏进火车站的电梯中，因为对我来说火车站的电梯与住家电梯完全不同，火车站的电梯更慢、有不同的按键，它们会对人说话且往往是由玻璃构成的，这代表了许多其他的感官印象且无法轻易地被处理，就连思考也像被牢牢地卡住一样，这也是众多的压力现象之一。接着是单独在商店购物，挑选商品，走向结账台输送带并将东西放上去，付钱然后重新走出商店，这整个流程在多数商店中可进展得很顺利，然而在许多其他商店则还有进步的空间。服饰店有着异于超市的行为流程，而与建材商店又有些许的不同。常常我感觉到当天无法面对新的流程，但依然走进商店，是为了看看自己是否会马上又离开商店。

我还无法独自进入小型的茶店、艺廊或书店。我不断地在“较勇敢”的日子里尝试走进商店，接着只会转身再度走出来，或根本没打开门，然后尴尬地晃过。工作人员与我的攀谈往往进行得不顺利，即使是在状况良好的日子，我听到某些问题也仍然会不知道该如何回答。此时的互动就会出乎我的意料之外，而且我往往只是尝试走进商店而根本不知道自己要买什么，因为我此时可能被人注视着，所以我也无法直视想要买的东西。就算在最小型的茶店中也有着数不清的茶，它们拥有着无数不同的名称。新的气味、常被投以等待的眼光，而且搞不清楚其中流程，所有这一切，都很有可能令我在几秒内就忘记自己一开始究竟为何会走进这间店；就算我还记得，但因为内心常已充满了许多反应，让我只想好好地冷静下来。

因此口头的协助或指令并无助益，因为我往往在踏进商店前就已经无法再记住它们了。然而当某人陪同并参与了茶店内的互动以及流程，也许给我看看一两包茶，表现出适合茶店的行为举止，最好还能与工作人员进行互动，那么我就能一对一地模仿这个行为模式，并渐渐独立来调适它，使其能更有弹性和更生动地符合不同的情况。

不论过去或现在，有规律地去认识新的情况都相当有帮助。或许我能这样形容有益的部分：一种能不断掌握新情况的信任感会慢慢形成，就像发生了一段“学习掌握新情况”的过程。即使不断反复出现恐惧、茫然无头绪、遗忘、身体反应，无法清晰地思考、说话与理解等现象，但多年下来好像有某个机制学会了船到桥头自然直这件事。另外还有帮助的地方就是我更能接纳其他人的意见，我有时候会在没有初步协助的情况下去自行尝试，也因此而产生了更广泛的生命与经验空间。

总是相同的事物非常有帮助，但也产生相当大的局限。我会知道这点是例如透过不断有新的情形，以及透过许多亲切的人，他们不断带着我去接触新事物。我觉得这丰富了我的生命品质，是相当珍贵的经验，它让我能有更广的闲聊范围与诚实的交流，因为当话题符合我众多体验之一时，我很乐于讲述自己所体验过的事物。尽管我的记忆还不是永远可靠，但却越来越常能记得事情，这让我的兴趣借由体验而更加拓展，也使我能够吸收得更多。

一直以来都有帮助的还有泡澡，透过以坚硬刷子进行的全身按摩以及晚间临睡前的足浴所带来的强烈触觉印象。意思是早晨定期泡澡会让我在起床后随即相当醒觉，而不需花数小时才能清醒过来，晨间泡澡虽然并非绝对有效，但大部分是有用的。清醒这件事——不论有没有闹钟——常常几乎要造成物质性的疼痛，我常能观察清醒的过程，个别细胞仿佛受到伤害，并感受到自我进入身体时的疼痛，好像此过程在每个早晨又再度无法彻底顺利完成一样。这会伴随着类似惊吓反应的现象，只不过此反应会继续存在并进展得较缓慢些。清醒过程仿佛会伴随着机体内的压力分布而生，此现象会发生在第一个活动之前或是在自己完全醒觉之前。

此时不论是泡澡或使用刷子都能有所帮助。刷子还能促进对自身整体性的感受。在我这样做了几年之后，如今我不再如此强烈地察觉到个中差异，因为我假设我的内在整体已知道自己如何能理想地融入。

足浴不仅能理想助眠，还会促进更深层与品质更好的睡眠，并以某种方式协助在次日一早更容易清醒。足浴尤其会使入睡过程以一种堪称美妙的方式顺利进行，此时甚至连双脚是否冰冷都无所谓。当然使冰冷的双脚温暖起来是一件很舒服的事，身体会跟着稍微放松或是彻底松软下来，然后星辰身与我才会脱离，此时体内会有某部分平静下来。“睡前一定要安坐一小段时间”这个动作也有助于达到平静，想法会减缓下来，呼吸也会更深一些。经过几个月后，足浴本身已成为一种身体信号，就像疲惫与感到想睡一样。

尽可能少等待，这从以前到现在都一直很有帮助。在面对约定时既不等待事件，也不等待人。我发现对我而言，尤其重要的一点是将令人不快的预约时间尽可能安排在上午，这样我一方面能在早晨拥有充分的例行公事时间，但也能迅速地赴约而几乎毫无等待时间，这使身体内不会累积起如此多的压力。每次的等待都会建构起极端不相称的压力。我目前正在练习独自完成看牙医或其他医生、处理公共机关以及自我组织事务、等待赴约和等公交车、火车与朋友。我自己仍旧很惊讶身体会对等待这件事产生这么剧烈的反应，尝试透过思考去进行调节则几乎毫无帮助。假如牙医预约时间是 10 点，那我可以轻易地忍耐到 10 点钟，到 10：05 时我最好起身回家去，因为整个机体都过度疲劳到我必须先休息一下。假如等待超过预定时间半小时或更长的话，那我已经精疲力竭而无法忍受真正的治疗了，更遑论对医师问我的问题给予有意义的答复。假如接着又进来一位助手，而我必须集中留意自己的肢体语言才不会让她们过来关心我发生了什么事。不过至少助手们大多会欣然接受而不再在我身边多作准备，这样我就可以不必暴露在更多的印象里来等待医师。

在会议上也可以观察到相同的现象。假如已经讲定会议进行到晚上 10 点，我可以耐心与会、共同讨论及参与，也能进行争论以及办妥所有其余待办事项。但如果在预定结束时间的 5 分钟前我们还没有要结束的迹象的话我就会开始不安，到了晚上 10 点时就像一个开关被启动，我的效率大打折扣，反应开始郁积得越来越多并蔓延开来。过了约定时刻 10 分钟后我无法继续倾听，也几乎无法再进行反应和有意义的互动。由于我很快就发现了这点，所以我始终会在内心跟自己约定比实际会议规划再多半个小时的时间，如此一来，我也能参与各种社交互动，或者我会在对应的时刻静静告别并离开，因为这对所有与会者会更加容易些。此外我根本没办法解释这种情形，但整体来说我在我的同事面前还算正常。同理，这也适用于工作的时间，在约定范围内凡事都很顺利，但要是不幸脱离了框架，那么所习得的一切成果会在几分钟之内崩溃，只能听任纯粹肉体的摆布。有时我能够在内心里轻声与自己约定一段新的时间，但这早就靠不住了。假如成功的话，这会相当有帮助，而一段不确定的时间是行不通的，不然就是并不理想，即便超时的情况是面对美好事物也一样。就算去拜访朋友我也会在内心计时，或是我必须相当自觉地预先规划好一段“开放”时间，然后就行得通了。这感觉就像是一种对没有后续时间结构的刻意约定。

若时间约定与其他种约定未经遵守，内心的一切也会以同样的方式陷入混乱之中。许多朋友之间的约定因此而泡汤，我学会了等待一刻钟的时间。只要我还记得此问题的解决办法，一刻钟过后我就回家去，但假如我忘记的话，我会仿佛被遗弃般地在约定地点等到一个小时或更久的时间。而即使在约定者出现后也无法再继续参与，因为我的机体已变得“浓稠”，有时还会爆发绝望的愤怒。

这常会需要一到两小时以上才能脱离这种反应。假如我们能首先针对此事来讨论，而我了解为何会发生此情形的话，有时还可顺利解决。我常常只能试着去说明我的感受，并尝试约新的时间。

假如事情并未如事前约定地实现，就会有如自由落体堕进空无之中，“可预测性”将会瓦解殆尽。刚超过约定时间一点点的时候，感觉起来就已经像是永无止境且深不见底了，时间定位彻底消失，就像一个内在的无人国度正开始形成。这是一种无法定义的状态，既无长度也无行为模式，特别是时间定位消失了，而接下来也不可能再循着一天过程的路线前进。我推测这个现象跟我自身不容易明确地体验时间是有关系的，再加上一种模糊的恐惧，而我先前针对各种反应所描述的内容也可能以不同强度呈现出来。特别是当我不记得自己最多只等一刻钟，而在一小时之后我依然站在那里，并且不知道下一步该做什么。此时有手机的话绝对会有帮助，因为这样未露面者就可以打电话给我，假如要我自己主动打电话的话可能会卡住而且常常根本是不可能的事情。我最好能观察别人一到两次，看他们在等待时会如何处理：多久过后可以打电话？必须要打电话吗？能不能直接回家？对方是不是忘了这件事？还是她只是迟到了？她到底会不会来？我们约的是同一天吗？假如我打电话的话，我可能根本不知道会遇到什么情形。我能说什么来告诉对方我站在这里，怎么问我们是否有约，问她是否会来，并告诉她不必来了，如何询问她发生了什么事，告诉她我现在如何，问她现在如何，再重新约时间；或啥也不做地等待，并相信她还会来，怎样问她是否在别的地方等待。这里有太多的可能性，而我不选择其中任何一种，行为层面似乎也因此而稍微遭到切断。就好像我必须在一个悬而未决的情况中选择，而四周充斥着太多的选项，接着便发展出纯然的空无以及极度的精疲力竭，而这一切常常发生在极短的时间内。

现在我发现继续约新的时间有时完全无益。干脆顺其自然，只约定概括时间、有谁会来或我们在哪边碰面，但假如不决定会更好的话，就不再确定更多的细节。这就像一种自己自发性的约定，它可让目前明确正在发生的事情保持开放的状态。这点是相当可行的，即约定好不准确性或是说开放性与模糊性，或者以事先约定好的方式来不对事件的内容进行设定。

有益者还包括不制造压力，不设立时间压力，没有期待与成功的压力，即便是像学习剪裁或绑鞋带等似乎微不足道的事情。直到今天压力都会令我失去头绪且无法专心，特别是未明言的压力或预期态度，这会让我只剩下一种无能、牢牢卡住的感受，且常常会掺杂丧失整体关联性的结果，并感到眼前正在进行的事和截至目前已能掌握之事突然都不再听我使唤。其他人也许会将此形容为“遗忘”。某些对他人似乎是很简单且理所当然的东西与行为，我会基于各种不同的因素而无法轻易地办到，且关键常常也不在行为本身，而是在于进入行为开头的过渡阶段，即起步阶段。这等同于面对新行动时的状态，只不过是程度上弱了一些。

此时下列句子及其实践将有莫大的帮助：“让我们一起做吧。”因为一旦成功了，我也会意识到若无人协助就不会成功的悲伤与痛苦。当某事失败时，对下一次相同情况的恐惧就会增长，这种对不成功的恐惧长期下来会导致人的内心仿佛放弃而根本不愿继续尝试任何事，但这并非因为缺乏兴趣之故，而是出自预先知道事情会因为自身机体而失败的缘故。奇怪的是，这边跟卓有成效的学习正好相反，所学事物无法轻易套用到其他类似的情况上。很遗憾，我会立刻重新用压力与反应来面对那些类似于先前的压力或仅有些微相似性的一切事物。

大量与够长的休息时间也有帮助：不仅在状况较佳的时间里，更特别的是在过度负荷的情形下，几乎所有日常情况皆然。在一般例行公事过程中，至少要安排一个平日来休息。当我没这样做时，就会在接下来几周之中清楚地察觉到自己的反应门槛降低许多，神经系统在遇到更细微的事时就已经开始“跳动”，接下来的入睡与睡眠品质往往都会变差。

根据目前工作与生活的现实情况，工作半天虽然可行，却也有几乎每个下午都必须被用在安静与最必要事务上（如采买、煮饭与家事）的后果，而毫无给朋友或其他社交接触的真正缓冲区。

当我深陷负荷的深渊时，我会去散散步并从事自己喜爱的事物。

我一直很谨慎地控制社交接触的量，因为有时仅在短暂的社交接触后，压力的程度就可能会迅速高涨。尤其是当人们明显无法理解我在互动中的行为，或对方出现意料之外的行为模式，或我发觉自己不了解谈论话题的重点，又或是我有过度自发性的念头出现时，或对方有清楚的情绪而我却不晓得哪种行为适合于当下，或是当我有情绪但自己也不知道该如何处理时，上述全都可能视当天的情形而成为一项影响要素。

对伴随强烈身体反应的急性过度负荷情形有益者

- 休息时间，独处，直到情况受到控制
- 待在我的房间，而周遭的一切都相当平静

- 没有气味
- 没有或减少视觉印象
- 允许具安抚作用的典型行为
- 利用大量的重量来对全身施加压力（身体被压在一床日式被褥底下）
- 当有人紧紧拥住与抱住我
- 当某人用他全身的重量压在我身上
- 当某人静静地陪伴着我
- 短暂睡二十分钟左右
- 换房间；假如跟我交换房间还不够
- 就回到我还算好过的地方
- 旋即结束造成负担的话题

以便能重新掌控我自己。在经过多年的练习之后，现在我偶尔已经可以忽略自己的身体反应，因为它与我的心魂状态并不一致，而且如同过着独立的生活一般。

半年之后

经历大约半年的治疗，我的神经系统的发展逐渐产生了一股明显的动力！这就像历经一直以来所有的努力与心血而准备好要面对首度的丰收一样，我能够从旁观看学习是怎样在某些地方发生的，如何越来越有办法将“这里”所学会的东西应用到“那里”，亦即将之套用到其他的情形上。

我虽然累积了关于健康、疗愈、面对危机与艰难处境的庞大知识，但当情况紧急时，这只能提供有限的（乃至毫无）帮助，因为生命体会直接按照其旧有模式反应，不让我有调节介入的机会，这点有时会使我感到绝望。然而当较为冷静下来，当压力水平下降而神经系统好像拥有足够的空间时——尽管根据学院派医学的测量法，人们仍旧会在激素浓度中测量到极高的压力值——我能够看见之前练习过的内容又重新供我运用，自己也能在此基础上继续学习。这是我最爱的一种成就，我很希望它是个稳定的过程。

如今在日常生活中每天都有成功的例子，潜在危机或过度负荷的时刻现在可以迎刃而解，我现在能够相对正常地解决它们。我相信唯一的差异往往在于我清楚知道会有“成功”的发生，而我有时甚至会在事后惊讶地发现，整个情况给我的感觉就像“正常”的日常，在不过短短几个月前我甚至还需要几天休养与“非处理的时间”。如今挑战在我身上只会引发如开心兴奋之情，几乎就跟幼儿重复相同的活动仍旧兴奋是一样的，而我正试着改善刚刚学会的成就，使其在我的能力中能更加地稳固。

我想试着根据一个最近的例子来显示程度大小与精彩之处：

我到一位很亲密好友的家，并单独一人在她家，因为她要花一个半星期的时间去看家人；而另外一位新西兰的好友与她的两个孩子正好就在此刻才有时间来这里看我，她们也真的来了。不在家的“借屋友人”约了玻璃工人来安装玻璃淋浴隔间，这应该在她出门的这期间安装好。这些事实应该在没有压力与没有特殊情绪的情况下融入既存的日常生活中。

当工人们来的时候，我跟朋友及其孩子们陷入了改变的骚乱中（她们的状态不同于我）。屋内有新的人，各种东西被搬了进来，那间根本不属于我的浴室被完全解体，好让工人们能进到角落里。这对我的挑战是浴室被拆解掉了，我没预期到这点也没办法对流程产生共鸣，这在一开始的时候动摇了我的安全感。由于我常在这间房子做客，如今都知道哪边会有什么东西，同时也觉得假如这能永远保持可靠原状会多么美好而且有安定人心的作用。而这项变化将我短暂带到崩溃边缘上，使我无法再妥适地去感知周遭，但我接下来很快地自己接手清洁工作，同时也知道这样比交给陌生人来做要好得多。如此一来我至少能综观全程，透过感受去陪伴与理解此改变过程发生了何事。经过一段对我而言很短暂的工作声响后，不安与激动已开始趋于平稳，我甚至能为安装工人们供应果汁、水与玻璃杯，也能与他们进行沟通，还会对这次成功感到高兴。我也能观察到自己多么渴望看见他们会马上喝点东西，好证明我所谓的成功是真的成功了。亲眼去验证，去参与体验互动并得到证实，证明我的这种新行为确实适合于该场合，因为他们是我人生中首批从自己手中接到饮料的工人，而我很乐于想到这样的事情。这个过程之所以成功，乃是因为我在两个月前观察一位恰巧处在此情境下的朋友，看她如何递钱给画家们，而我看到他们对此有多么开心，后来我有机会问这位朋友她是秉持哪种原则处理此事的，她接着告诉了我她跟屋内工人们所学会的所有可能的处理手法，而我现在能够记得并应用有关饮料的部分。我就像个孩子般渴望去体验这种新的行为会产生什么样的后果，但直到最后根据用过的玻璃杯以及几乎喝光的瓶子我才明白这也成功了。这边的新现象是，即使在经过很长的时间之后，我的心也终于会产生喜悦之情，否则一般来说，与事物之间的关系在经过一段时间后便会在内心消逝。而对于先前尚未亲自观察过的事物，自己却依然能正确地加以应用这件事，我一直都感到有些兴奋。

在安装过程中，有一扇安全玻璃门破裂了，当下我并不在屋内，家中只有我的新西兰朋友。当我回来时一切都干干净净，工人们正在收拾打包，而门并未如预计那样安装好。他们告诉我发生了什么事，我随即对安全玻璃的碎片产生兴趣并全神贯注于其中，这是因为我喜爱这些独特的碎片，而且几乎忘却了其他的一切，至少我得到了满满一桶的玻璃碎片，以及职业培训生评论的一句话：“至少还有人对打破的玻璃感到高兴。”大约半小时之后我发现整个瓷釉浴缸都遭刮伤受损，喔，太可怕了！我并没有马上看到！现在该怎么办？现在告知受损会不会太迟了？这不是我的浴缸，不是我的浴室！该采取何种行动程序？我们今天晚上可以淋浴吗？孩子们可以泡澡吗？谁要负责赔偿？

之前这对我而言是难以想象的情况，身体若不是宣泄愤怒便是会恐慌哭泣出来；我除了压力之外再无其他想法，或者最好的情形是我会打电话给母亲，她至今都必须为了这些事情来调适我的生活！纯粹的压力可能意味着："失眠"的夜晚、不感到饥饿、再熟悉不过的"不想活的念头"，仿佛自己病了的一种整体感受。假如并未马上在当场发生某事来解决此情况的话，我可能无法想象接下来的进展如何，最好的情况就是去建材行购买瓷釉涂料。

上面是我在半年之前会发生的情况。但这次我不必忙着做什么事，而整个内在压力的过程大约只持续了我仔细观看刮痕这么久的时间，现实看来其实相当地短。

现在发生了很棒的现象：我可以拍照，找到玻璃行的电话号码（这在过度刺激的状态是无法完成的，因为我可以观察到必要的思考流程不愿乖乖地运作），打电话过去（不会像以前一样当我想不起某些事例如浴缸刮伤的正确字眼时而害怕），甚至对电话机留言，请他们回电，还把隔天的营业时间抄下来。这全都是全新体验，因为我必须能够不光是听见别人所说的话，更要理解其意义才可能办得到。若在今天以前，当我身处这种时刻时，这简直是乌托邦式的幻想。接下来我就有办法喝点东西，并感受、感知与舒缓生命体内因反应与激动所导致的干渴。

然后我能够再次搜寻号码来打电话给我的朋友，经些许等待后在另一台电话机留言告知她实际情况，然后等待她的回电。等待在这些时刻中是最难熬的，反正接下来要发生的事都将是有可能发生的最糟情况，而等待始终是我生命中最大的压力诱发者。

此外还有更多我可以感受到的成就：在朋友终于回电而我告诉她一切经过之后，我要等待整晚直到次日 7 点能打电话给玻璃行为止，这本该是个无止境的夜晚，但这次我却相对安稳地睡着了。这回我不需将所有想得到的可能性都思考过一遍，不必无止境地演练可能的反应，不用尝试去抓取行动的流程，当不可能马上解决未知事物时，不必去克服似乎只会制造想法与产生模糊之恐惧的身体系统。我反而就这样在次日一早醒来，就连苏醒过程也是新的体验：没有醒来时的主动压力，身体中也没有出什么“乱子”，没有必须分秒不差在7点保持清醒的固执。时间差不多是7点10分，我进行每早的例行公事，之后才想起昨天有关浴缸的事还有要打的电话。这在大多数人看来似乎是平凡无奇的事，对我却是到了最近才开始有办法做到的。在之前我的脑海中应该只会剩下“明天7点打电话给玻璃工人”这件事，而一旦电话那端有人接听时，我可能会忘记了上下的关联以及我打电话来的动机，压力、口吃、害怕难以理解对方等等的不安全感会接踵而来，模糊地知道那背后还有一整个背景、困惑、绝望，最后干脆直接挂断，也不敢晚点再拨打一次电话。

由于安装工人已向他们的老板报告有关受损浴缸一事，故我们能够马上厘清所有事务。在此期间老板自己已准备好一个完整的行动方案，这让我感到很高兴，单纯只有高兴，不像早先会因松了一口气而流泪。这次并没有在持续几小时的紧绷后才松一口气，不害怕、没压力，没有突如其来那种几乎令人瘫痪的疲惫感，没有突然的“过度紧绷”，只有健康的喜悦与稍微的放松。接下来我能够马上通知朋友，她从一开始对这整件事都从容以对，然后我也有办法着手进行不属于早晨例行公事的其他所有事情，并处理之后这一天下来一直到晚上所面临的过程，不会感觉到过度疲惫、压力太大或是“精疲力竭到无法动弹”。我只需要留意特别准时上床就寝，不要低于我的睡眠需求，这点还是可以感觉得到。

这一切都发生在陌生的环境里，还有来自英语圈的孩子访客。此外我自己的身体还受到严重膀胱发炎的伤害，这在许久以前可能会占用掉我绝大部分的注意力。

我自己做梦也想不到能够像今天这样，我相当高兴现在终于能认识到许多人怎么有办法在一天之内办到这么多日常事务，接下来还有余力来面对预料外的状况，更还能维持社交联系。现在这些在我的生命中也变得有可能，我觉得相当感激。

整整一年之后

多年来我早已知道自己想被人抱住，也经常需要现场的帮助，需要有人在“那边”。当绝望与内心苦难过于巨大时，我能够记得唯有在自己之中找到这种帮助，最后这才会有益。我知道身为成年人还具有这些愿望与需求是不切实际的，但我不认识相应的姿态，未曾经历过它们，不知道它们感觉起来该是什么样子。

只有在我体验过依附关系之后我才能用如此清楚的话语将一切写出来。之前这比较像是一种感觉到的知识，一种模糊的苦难感与一种无助的绝望。唯有在其作为经验发生后我才知道，自己之前根本不了解这个经验会带来多少基本要件。靠阅读与聆听产生的是一种截然不同的概念，我一点也搞不清楚对依附关系的经验与被人抱住的肢体接触是多么的必要。

我可能永远不会察觉到，依附关系的经验对我的存有感而言会产生多么深远的影响，这将多么强烈地改变我的社交情感与生活方式；与他人的联系会多么深刻地伴随而生，拥有资源同时也能回头向它求助；这能够提供我许多可能性来处理恐惧与其他情绪。如此一来，仿佛一大群基本的恐惧就这样在生命体内瓦解了，始终潜伏在侧的恐惧状态就像被吸收掉了。关系不仅存在于认知层面，更是能够真正体验到的，某人会超越可见与可感受到的接触而永续存在，对我而言，这是莫大的赠礼。多年来我一直有一种渴望，希望能感受并体验到他人是“真实”的，而且即使他们离开我的视野也依然“持续在那边”。我在友情中的安全感，与他人的相遇，甚至在街上与陌生人的接触都彻底产生改变，就好像因为我能截然不同地去感觉人们，使得恐惧僵硬开始瓦解。再者我也知道有支持的存在，想要经验这点，想如此深刻地透过体验去感受，这唯有在我体验到了一段结合或依附关系后才有可能。许多相同、类似的流程现在突然有了截然不同的体验与处理，某样东西抵达内心，平静了下来，人们不再对我有威胁性、令我害怕或让我摸不清他们的意图。接着我便开始了自己这些年来无法理解与办到的事情：接触、眼神接触、去体验其他人。对我而言，我也可以体验到自己截然不同了，接触不只限于今天已成年的身体，更包括了稚嫩的身体，这种感觉还是“摇摇晃晃”不稳定的，但可清楚看到已有作为自我调节作用的机制可供运用。这真的让人松了好大一口气，因为我现在了解这个机制无法只靠纯粹认知而存在，而是需要最基本的关系经验作为基础。我从来不曾想到自己作为成年人还能体验到某人会始终可靠地在“那里”提供我属于最初阶段的要素，让我有充分的时刻体验一种得以触及内心的经验；能体验到这些时刻一再重复与扩展的美好，但不是以早先的需求所呈现的那种极度渴望形式，如同一种永不止歇的弥补。这种长期需求只有当上述内心的经验尚未发生时才会存在，因为内心仿佛不断地呼唤着，但同时却又害怕并逃避它。

我很幸运获得恩赐，找到了一位治疗师。她不仅提供我良好的依附关系，也真正撑过了将近八年时间，直到我能够接纳这种关系为止。之后在某些时刻里，我的理智“才开始”无法加速也不去抵抗这种关系，既不想要抵抗也不愿尝试去抵抗。这就好像主要是透过身体与深层的内在，并且循着自身的速度所发生的，若缺少了我们双方的联系与参与的话是不可能出现此过程的。理智与意愿只能做好准备，而老实说这种准备状态会因对于未知经验的恐惧而产生波动。

我记得我们曾经一起经历漫长的时间来协助我自己主动找到出路。在治疗的时刻会发生这样的状况，也就是我们才刚刚共同经历过专注在我的身体上的一小时，然后治疗师就要离开，一方面她假如现在就离开实在是太快了，但另一方面她却又不得不这样做，因为下一位病人已经在等了。所以她采用的方法是，给我可以清楚闻到她的气味的衬衫，我将其放在我的脸上，尤其是在眼睛与鼻子上。每口呼吸我都可以闻到她，而每次呼气我失去了她，每次吸气我都记得她。这持续了一段不算短的时间，然后我发觉小脑中的剧烈活动，几乎可以物质性地感觉到那种近乎疼痛的感受。渐渐地，呼吸会越来越深，就像容许自己更深刻地接受她的气味，容许我真的嗅闻那气味，允许她如此地靠近，因为气味是如此亲密。一方面她并未实际在场，但另一方面我却能闻得到她。在这种矛盾中我能够缓慢地透过自我调适来允许她深入，然后我体内的某样东西渐渐地放松了，我开始哭泣。在每次吸气时记得她仍在，记得有她的存在，记得她是真实的，记得她会留下，记得多年来她已成为我生命中一个可以依赖的人，这一切都无须言语。我几乎能够观察联系是如何被缔结起来的，而接下来的每次呼吸都能继续建立在之前的基础上，并且透过气味作为桥梁来跟我们之前多次的相处经验结合。可惜的是，话语相较于这种经验就显得相当渺小，我的身体知道某些基本事物正在发生，但我的理智要到晚上很晚甚至到隔天才会知道，这还要持续数周之久，某些事物已然融入，而其余的则到现在才能透过层层堆叠的方式被我体验与经历。这就像是到现在我才有办法在关系与感受的范畴内，在批评、愤怒、憎恨、痛苦、喜悦、眼神接触与肢体接触等范畴中工作与学习。在这项体验之前要对肢体接触做长期的大量练习，这是个重要的准备工作。首先要让自己的身体允许另一个人如此靠近，既不给我带来疼痛与威胁，也不会因为我的存有而伤害到他，我们双方都知道这件事正在“发生”。接下来，长时间带有眼神的接触与平静的相遇也跟漫长的嗅闻时刻同等重要，而且具有找到出路的作用。

一切都改变了，但却相当微妙，外表几乎察觉不出，只有那些跟我亲近的人可以体验到。我变得更平静，我的压力行为彻底地改变了，恐惧也具备截然不同的特质，但很少出现。还没那么受我欢迎的新现象则是，现今我还会产生各种不同类型的情绪，例如对进展得不太顺利的人际关系的回忆、苦难、失望、愿望、拒绝、模棱两可、混乱、不坚决、同时间出现过度的冲击、沉重感、瘫痪等等。这些体验带给我全新而尖锐的感受，仿佛它们先前曾被一种不透明、令人恐惧的帷幕隔离开来，而现在它们就这样赤裸裸地呈现。同时我也知道只要我请求就会有人来帮助我，我确信令人不快的情绪将会过去，有些日子我较能掌握这一切，其余时候这一切就像几乎完全消失了一样，而在某些时刻我会感到莫大的感激。

少了恐惧与过度苛求似乎不代表所有的困难都船过水无痕了。我发觉即使我的孤独此刻明显感觉到浮现，但它可以不必再永远持续下去。除此之外，我至今几乎无须面对其他会使我感到无助的部分，而那会使我感到无助的部分现在也进入我的意识中，例如彼此谈判、忌妒的情感与感觉自己被排除在外，也包括了不符合逻辑的意愿、渴望与对某人的思念。我认识了说谎、不讲述与不同观点之间的差异。失望似乎作为新的体验牵涉其中，但也包括其他形态的喜悦或静静地辨别出某人真的喜欢另一个人时会有的迹象。例如我的爷爷在冬天会比六点更早起床来加热柴炉，以便让我有个已经温暖的厨房来处理我早晨的例行公事。我练习向他道谢作为回报，尽管我其实根本无法忍受在神圣的晨间自由中受到干扰，但我还是练习看见隐藏在表面干扰行为背后那来自爷爷的好意。抑或当我忘记自己已经学会哪些事情，并只因怀有某种内在情绪就待人不友善时，透过一位好友生我的气来感到被爱的事实，朋友对我的存在而生气与产生情感这件事感动着我；虽然她对我表现她的愤怒，但我能看见这其中包含她对我的关怀，这让我感觉很好，虽非当下即刻，但在一些时间之后我就能感受到。我发觉自己是个被人需要的人，而非一再混进来的亚斯伯格现象。这不只带来良好感受，也挑战着我，要我现在开始成长并超越旧有的习惯。我看到某些亚斯伯格症的动力成了根深蒂固的习惯，我很高兴能透过联系和在情绪上知道其他人在“那里”来让这些旧有模式受到挑战。

我慢慢领悟到，经过这些年的观察仍无法真正参透的所有人际关系领域其实都与此层面有关。彼此间有关系、有联系并想要在一起、促进彼此亲近之意图而行动，或进行着代表爱的活动。这在化为言语上还很不成熟，换句话说，此处开始了一种对于非逻辑性（被归纳为荒谬，常会被我体验为他人造成干扰与动摇之行为）事物的情绪性且非言语性的理解行为。有一些意图会“相互支持”，不帮助、不干扰、不处罚、不企求某事、不期待、不纠正、不侵扰，而是为了要在一起；因为人们想要，仅此而已。而从中会产生出共通点，游戏性地、深刻地、玩耍式地，以及更多的东西。我开始可以理解社会共处、社交互动与人际接触，并能够深入地了解几乎已被我放弃掉的一切。这个谜团开始逐渐对我揭露，而此过程不仅美妙也相当地有挑战性，这当中包含着我直到最近都还不认识的各种情感。

安娜·布兰特的生命史篇章

在我的人生三番两次地撞墙之后，我决定勇敢尝试最后一次从头开始并转换工作跑道。

我不想再思考那些常会拖累与阻碍我的困难与问题，不再苦思那阻止我真正成功的灾难人生，而要向前看，一切就从升学开始。

我很快决定报名 Bernard Lievegoed 研究所的“综合诊断学”课程，却没想到我会在那里直接落入自闭症专家们的手中，而且自己所遇到的一切困难正好都是课程讨论的主题。

现在不论我要不要，都不可避免地必须再次去面对这些问题。

许多课程带出的讨论后来都证实了我的假设：我的所有问题与困难有个名称叫亚斯伯格—自闭症。

我 3 岁时被父母引荐到汉堡的 Werner Otto 研究所，特别是基于我说话时有显著的困难。我的头被贴满了导线，人们研究了我的大脑，但一无所获。我的思考似乎没有问题。我的语言之所以引人注意，是因为我讲话太快，有严重的发音问题，而且始终无法顺利结合语音。这种过度急促的“大声吼叫”现象一直持续到成年，我时常无法理解，就好像我的嘴不愿意顺从自己。

在成年阶段的初期，要与我聊天是相当累人的事。再者我也几乎无法与人聊天，我始终只说自己感兴趣的事情，且从不关心其他人认为重要的事，因此鲜少能成功进行对话。其实我到几乎 30 岁才开始与人聊天，但这并非是因为缺乏基本的兴趣，我始终认为这种批评很不公平；这只不过是人们对我而言是这么陌生且难以预测，而我花了很长的时间来学习了解这些机制，才能够表现出我所感兴趣的事物。

当我还是孩子和刚成年时，我在其他方面也是很令人头疼的：面对一件其实完全是平和的事情，我却有可能会情绪暴躁与狂怒、固执且沉迷于特别的兴趣。生命不会随着计划进行，当发生突发事件或计划遭到变更时，我会跟别人大吵一架，并且砰的一声甩上门，我的家人应该常为了这种愤怒爆发的情形而担忧畏惧。有时候根本不需要太多理由我就会发怒。自闭症者在学校或在外面的世界必须大量工作时，神经很快就会一片空白，因此很容易就会爆发。

在家是最有可能放松的场合，因为家人会给予支持与信任。但基于上述的原因，家人虽未实际埋怨，但也常会感到严重受挫。

幸好家人在短时间的尝试后就放弃送我去上幼儿园了，大部分的时间我都站在窗边看着窗外，这是我赖以熬过上学时间的生存策略。某些人始终能引起我的兴趣并且令我着迷，反之，一大群的同年龄者只会引发恐惧，因为他们嘈杂又无法预测！我不看也不听，并且忽视他们，如此一来就还可以承受得住。

我三四岁就已经开始对数字与字母感兴趣，五六岁时我已经开始阅读。我必须以某种方式来教自己阅读，其实我凡事都是自己教自己的。因此开始上学的头几年都不会特别困难，尤其是关于学习这部分。相反地，由于我极度偏好美丽的形状，华德福学校的形线画（Formenzeichen）是最能满足我的事物。我沉醉于弯曲的形状中，热衷于将其一而再再而三地画在纸上。

然而课程内容渐渐随着时间而日趋复杂，我越来越搞不清楚到底课程在教些什么，并开始渴望具体的书面作业。我很想要有课本这样的东西，因为“听”故事我常会抓不到“红线”（译注：roter Faden，意为“主轴、重点”），一个故事的核心讯息是什么？哪部分属于点缀润饰？这些我常都找不出来。我的口头参与几乎是零，但书写在某种程度上一直都还可以。

低年级的下课时间还尚可忍受，大家常玩“官兵捉强盗”（Räuber und Gendarm），规则很简单，我可以透过奔跑与扭打来释放我的能量，而不必思考同学的心境与感受（反正我本来就不懂这点），我只需奔跑、抓人，然后带到目的地就结束了。

当后来同学之间开始出现取笑的行为，而我没有能力与人争执和排解时，小我三岁的妹妹曾为了我而跟我的同学们打架。

随着年纪增长而下课时间日渐成为问题之后，我开始害怕下课。我觉得自己不属于这个地方，既无法也不愿意融入某一群体。我常被排除在某件事情之外，而这件事以我无法理解的方式令其他人忙碌着。

只要透过上课搞清楚每个人的任务后，我就能融入并扮演好自己的“角色”，然而一旦涉及小组自由工作、关系到无人领导的社交相处时，我便会绝望失措。忍耐、忍耐再忍耐，闭上眼撑过去……下午时我会需要“个人的宁静”，而这常会造成家人的压力，自然也不足为奇了。

我开始以一种相当特定、连自己也无法解释的形式而感觉到孤独，我几乎感知不到同年龄的同学，他们如此令人费解，以至于无法与其建立真正的友谊。但我其实很想要某个活在“我的世界”中的人，嗯，就像我本身一样，这种渴望亲近的模糊感受始终存在着，但自己偏偏却又无法忍受亲近。

依我看来，自闭症症状并非是因为欠缺感受，而应该是感受太多，多到令人无法处理。只有黑与白，没有灰色调；一边是愤怒与绝望，另一边是巨大的热情与喜悦，两边都会一再剧烈地从自闭症者的头顶崩塌，而人们无法为其建立秩序。虽然自闭症者无法感知中间色调，但因为这中间色调确实存在，所以我们可以学习去感知，至少对我是如此。

这种听任模糊情感摆布的状态令人害怕，也无法透过振作起来或正向意志来帮助它，此情形会不断发生，然后就充斥着混乱状态。

然而有影子的地方就有光，我一直都是这样强烈地活着，直到今天也是，我也完全不想有所改变。只不过是这种感受不同于其他人，人们必须学会单独处理它，这会产生某种特定的孤独感，有时相当难以承受。我小时候从某天开始大量阅读，美丽的文字吸引着我，诗歌的格律令我感动；但这也让我不自觉地追寻着与自己相同的人们。因此我读了许多人的自传，他们各自有些不同之处，但当我成年后才接触到自闭症本人的记录，这也是我自身改变的起点。

我虽然在青少年时期看过《雨人》（Rain Man）这部电影，但可能当时还太过年轻而无法批判性地检视自己，我只注意到一句话：吻是湿润的。我后来的男友为此受尽了折磨，因为我无法忍受整个“接吻过程”，特别是在嘴上，我只感到恶心而不知道他人对此有何感受！

确实，我整个童年都会跟别人玩，人们也为我庆生（因为一般人都是这么做的），外界为我筹办了许多事，但这对我的感受来说其实并不需要。我后来也常把玩伴当作马一般地来回驱赶，或以另一种形式将他们当作“玩具”；要是角色颠倒过来，他们很快就会说：“安娜又不想玩了。”除此之外，我有够多的特别兴趣，包括音乐、绘画与阅读，几乎没剩多少时间可以交朋友，这也意味着我很讨厌“拜访他人”。

对我而言，最好的游戏是用马匹来建构风景，随着年龄增长，我也开始设计马场的平面图，并把它画出来或是用积木来搭建它。

我很热衷于经营马场，会像个小小科学家一丝不苟地研究着文献，那是在我大约 10 岁大时的事情。自己制作小册子与资料夹，并且讲一些骑乘技巧与马术内容给所有人听（不论他们想不想知道）。等到大一点后，我实际上也关心骑师与马匹之间的完美沟通，而童话里典型的悉心照顾以及马会说话等等情节对我都是很陌生的。

当然我也会跟妹妹一起玩洋娃娃，我跟她玩了一阵子，但并不真的觉得有趣，相较之下，我们表兄弟玩的火柴盒小汽车还更有趣得多，人们可以将它们精美地排成多姿多彩的长列车队！

与同年龄孩子玩“扮家家酒”，例如扮演“爸爸、妈妈、孩子”或是与妹妹之间的“发型师游戏”全都提不起我的兴趣。当与其他孩子在一起时，我大多在谈论着马匹（而且“请”永远按照着我的想法与愿望来做），不然就是常在沙坑里玩建造美丽平坦的弯曲道路的游戏，并感觉双手中的沙子！

虽然我到大约 15 岁时都还感觉不到寒冷与疼痛，也不知道何谓忧伤，但对我来说，去经历各种东西所带来的感觉却是无比重要！

因此我也出现了想弹钢琴的愿望，这是来自能够以手指碰触琴键的美妙感受，而且听起来精彩这点本身就已经足够了。

触摸东西并忘情其中，这点长期以来都能安抚我，使我不致受这个世界的劳苦影响。因此在放学后的午后时光沉浸在我自己的世界中是至关重要的。阿克塞尔·布劳恩斯（Axel Brauns）贴切地将之称为“（用手）梳理头发”，还用“直到产生一种含有奖励的模式”这句话来对此状态作了绝佳的描述。

我说过我长期以来都感觉不到任何疼痛，我不会发觉到自己受伤，所以也不会过度娇气。此外，我极少生病，要是生病了，我就直接躺到床上等到疾病过去，根本不需要任何人的帮助！所以当其他孩子对疼痛有所反应时会让我无法理解与体会。很快地我也发现在这种情况下，亦即当其他孩子感觉不舒服时，他人会期待我出现一种我不可能会有的反应，我因此开始害怕这样的情形，此外我的肚子也会持续隐隐作痛。

医生无法解释这些情况，并说：“这一切只不过是你的想象，不要想太多！”

所以我开始慢慢越来越感到自己是错的。但我错了，这其实是种全身性的感受。

现在我知道我的肠子在压力下会暂时遭到封阻，而当状况良好与健康时我就会更加意识到新陈代谢整体。另外我也习惯依据目测来进食，因为我的饱足感并不可靠，有些时候我会一直吃一直吃，但就是吃不饱，而有时只吃一口就足够了，我会感觉自己已经吃得太多了，所以吃东西始终是个重点。

当我觉得某个气味对自己太过强烈或某件事物太过嘈杂时，别人也会叫我“别想太多！”在上述两种情况下我都会很快感到不舒服，并开始头痛，例如当全家人晚上开车去听音乐会，我的母亲盛装打扮并喷了香水，而我们全家坐在车内。

我第一次也是唯一一次去迪斯科时只待了一秒就马上离开。

我表面上的天真也使我常在学校遭到取笑与霸凌。我总是全盘相信别人告诉我的话，即使这些话语是讽刺时我也没意识到。别人可能会告诉我最疯狂的故事，而我也会全都相信，例如若在加油站没付钱就把车开走的话汽车会爆炸！而当时我至少已经20岁以上了！

在学校里我从来都不懂班上同学说的笑话，大家哄堂大笑时自己却完全摸不着头绪。我无法参与一般的娱乐，因为一旦出现稍微异于他人的情况之后，自己便会感到沮丧受挫。但我其实充满幽默感，相反地，我爱笑到令人难以置信的地步，而我一直最爱有真正幽默感的人！包括能自我解嘲这点就会让人相当放松。

我也很不喜欢极其悲惨地看待问题，反而是很乐于抱着真正的兴趣聆听，但接着也要让人能好好站着欢笑，否则整个生命就会令人完全难以忍受。

直到今日我终于懂得隐喻与讽刺，而我难以想象自己之前情况曾经那么不同。正因如此，我以前也从来无法分辨他人主动示好（是真的对我感兴趣）与礼貌的差异。人们在何时要跟何者讲些什么话？当某人问另一个人好不好时，他想听到什么答案？当最终再度发现这只是无意义的闲谈，也就是表面的客套话时，我往往会感到无比的沮丧与失望。

人们滔滔不绝地讲话，但根本不是真心的！或者他们说“再看看”“也许”，接着我就会随这个“也许”而悬在半空中，之后的时间也都彻底地瘫痪，因为这个“也许”会开始在脑海中盘旋并阻却了其他所有的想法。我总是最容易与会自行分类整理并且说出自己真实想法的人相处。

社交层面上的尺度也很难拿捏，人们何时会太累而不想谈论某个主题？因为人际关系首先要建立起一段联系，而当我喜欢某个人时我会进行得特别强烈，此时我就是无法领会到他人的界线，而我会带给这个人莫大的压力，即使这并非我的本意！我已经因为这样而毁掉几段友谊了。

尽管有上述这些问题，我的童年依然是很快乐的，这可能主要是因为家里在不知不觉中提供给我一个治疗性的环境。母亲没有上班，孩子不必上托儿所或是从保姆手中被交接给外婆等等。所以说，即使我们必须常常定期搬家，父母的这个家庭还是相当稳定的。而我在约 5 岁以后还是会对必须搬家这件事感到不安。

另外，家里很快就有了不同的宠物，从豚鼠一直到小马与狗都有。在最后一次搬家后我们也拥有一个更大的花园，且花园里有果树、莓果丛与蔬菜。

在整个搬家过程中我也从不会因自己必须离开同学与其他孩子们而难过，我其实没差；相反地我后来总会告诉自己：“那里没人认识你，是你的好机会。”

我们会固定全家人一起用餐，往往都是简单的食物，但完全考量到了孩子的口味，即使我是在之后才感觉到大人为我所做的重要方式。我们也会一年一度到丹麦过暑假，连续八年都住在同一间度假小屋里会赋予生命可靠感与节律，我们在那里也常跟农夫买蔬菜来自己下厨。

我父母对散步与徒步的热情也同样具有疗效。

特别是我对骑马的热爱。驯服一匹体型小但狂野倔强的小马会同时在许多层面影响我，而从某个时刻起，这匹小马会成为我的好朋友，这是属于关系的层面。骑马也让我的肌肉张力开始建构，自我感受也因而提升，最终使我拥有更强大的同理心能力。

因为我一直可以独自骑着这匹马上路，之后也能骑乘其他由他人认养的马，这种方式让我多年来几乎天天都可以骑马，这当然比每周一小时的骑马课更有影响力。而我也为了骑马及马匹的事务开始与外界联系，我为此拜访了同学，甚至还留下过夜，不过只发生过那么唯一一次而已。另外也不断有其他孩子会来看我的小马，所以我在10岁大时就已经教过骑马课了。在一次庆生会上，我的小马拉着六架雪橇穿过雪地，每架雪橇都各坐两个人，还有一次我们搭雪橇去市集买东西，但当马拉着满载而归的雪橇时绳索却断裂了。我的小马始终陪伴着我，它总会将我从房间中挖出来，使我不会一直躲在房间里面。

此外，与马相处比跟人相处要简单太多了，我无须应付无法预测的心情，因为动物诚实又不会记仇。

我从小就学到的一课，是在骑马时，若某些事出错了，其原因不在马，而是在自己身上。但这并不代表在与马的相处过程中，有某些事无法立即成功时我能完全不得生气！耐心不是我的强项，特别是当我无法透过思考来找出是哪里做错的时候。

在我大约18岁时这匹马死了，尽管我早已将这匹马送给别人，但我依然哭了且流下生平第一次的眼泪。

我生命中一段极阴暗的章节随着旅居国外的这段时间而开始。这真的是趟恐怖之旅，同学们让我感觉非常、非常陌生，我在班上时完全无法融入。而当我在人生中首次出现一位像男朋友一样的人时，他却爱上了我的妹妹，我只不过是多余的备胎。但我们之间友情的结束其实根本没那么糟，糟糕的是他曾像是我在学校里的一线生机，而如今学校又重新令人难以忍受。除此之外，老师与同学也逼着我开始用法语沟通。语言本身根本不是问题，我早就透过听乔治・巴颂（George Brassens）的歌曲卡带来自学，只是我不清楚该跟同学们谈些什么。学校每天上课到下午 4 点半，再加上家庭作业，我几乎没有自己的时间，这也额外消耗了我的力量。

当两年的时间到了以后，我相当低调地返回汉堡。我在汉堡又重新进到一个全然陌生的班级，因为我在法国重读了十年级，而且从未真正地从这段经历中恢复过来。

一般人的确可以对许多事情随机应变，但对于我来说，从“确定状态”到下个阶段的每次变换都必须用尽我全身的力量。事情过后我始终感觉自己像被“绞肉机翻搅着”。

接下来在十二年级的课程安排了到意大利的艺术之旅，全班同学在同一间房间睡觉，床垫靠着床垫，一起吃饭，并且一起搭同一辆公交车到不同的城市去参观博物馆。这里明显有太多的“一起”，我感觉越来越凄惨，睡眠尤其糟糕，很快地我就生病了。我花了一天的时间休息，削削马铃薯皮并保持极度的安静，然后我还是撑过了剩下的时间。

大约 15 ~ 20 年之后我在一次与当时的负责老师谈话中得知，她了解我的状态，也知道我可能会生病，当我发烧时，她介入处理并确保我能够有安静的空间。假如是我自己处理的话，我可能会在次日又爬起来，然后继续参与活动直到自己崩溃为止，因为我只能模糊地感知到生病状态本身。此外我也没将自己的状态与外界结合，当时的情况容不下它，它既不属于其中也不在计划中。所以非常幸运的是有人能察觉到我的异状，而且是还没等到我自己主动告知无法再支持下去时——因为在这种状态下已经没人可以进入我的世界了。

人类学观点对自闭症现象的理解

蕾娜塔·威斯普勒尔医师

自闭症是在过去 10 ～ 15 年之间才被大众意识到的一种现象。人们起初认为人数上升的原因是因为之前大家只将这些人当作异类而忽视，直到现在才给他们一个诊断。这确实可以解释一部分的自闭现象增长的原因。但除此之外，也有证据证明此现象在过去几年之中确实大幅提升，而且全世界皆是如此，特别是在高度工业化的国家中，儿童受影响的程度相当惊人。因此我们必须将自闭症问题视为一种时代现象来探讨，包括父母、老师、驻校心理师与医师都需要学习辨认与了解自闭症的典型行为模式。唯有如此，我们才能准确地找到与这类儿童及青少年的相处方式。

伴随自闭症出现的症状相当多元，因而令人感到困惑，但依然可以找出一致性的原则来让我们做出合理的诊断，并可以进一步讨论自闭症谱系。每个患有自闭症的人都是独一无二且无可替代的，就跟一般人也都有个别性是一样的情况。那么人们又可以从多样化的症状中整理出什么一致性呢？而其原因又是什么呢？

美国儿童青少年精神病学家雷欧·康纳尔（1894—1981 年）与维也纳的儿科医师汉斯·亚斯伯格（1906—1980 年）是两位分别对自闭症进行研究的医师，此后对于自闭症原因的疑问一再重新被提起，但至今都找不到一个真正令人满意的答案。已知的一点是自闭倾向会在遗传潮流中被传递下去，此外，现代科学对大脑的研究也在自闭症者的大脑中发现了一些特性，这会导致相对应的解释模型（Erklärungsmodel）。这些脑部变化被视为其症状的诱发因素，但脑部为何会产生这些变化则依旧未解。自闭症因此被看作是一种成因不明的人格失调，然而，自闭症倾向的人们反对这种失调的概念，他们要求他人将自己视为有特定管道来接触世界的人，而且他们也拥有日益受人认同与重视的各种能力。

现在我们要尝试借助鲁道夫·斯坦纳的人类学来找到认识自闭症谱系现象的可能性。

首先我想叙述一个来自我的诊所的例子：

一位 16 岁女孩跟她的父母一起来找我。她走路显得笨拙、身材高、很瘦、四肢瘦长。她在诊疗室的一张椅子上坐下，愣愣地看着她的父母而不跟我建立联系。她的头发强健得令人惊讶，检测显示她的腹壁非常坚实紧绷而按压时会疼痛。她的父母告诉我，她十个月大时直接略过爬行开始走路，语言发展也很早开始而且很快就能完美地讲出整个句子，但却需要很大的力气才能讲清楚。她长期苦于显著的便秘现象，当问及其饮食行为时，父母起初回答很好没问题；但更仔细询问才发现这个“好”其实是要相对地来理解。

在她还是幼儿时，有几个月的时间除了某种特定的糖渍水果之外啥也不吃，后来好一段时间只吃特殊裁切造型的香肠片。这种极端的片面性从她6岁开始有所改善，但她的饮食行为仍旧是偏食。她长期咳嗽，一天之中她会多次表示感觉自己吸不到空气，人们常试图去解释，但却找不到造成咳嗽的原因。

她从童年初期就睡得很少，也不知道什么是疲惫的感觉。尽管她年龄已增长，怒气却总还是会猛烈发作，不过这从未发生在住家以外的地方，只会在她熟悉的环境中，特别是在她的父母身上发作。起初她就读一所华德福幼儿园，但后来因为她完美的语言天分，所以被安排到一所外语学校就读，她很快就学会流利地讲那里的语言。但谈到成绩，那个外语学校认为她却是负担过重的，特别是算数让她相当辛苦。

接下来她转学到一所华德福学校，父母希望这个学校形态会更适合她。父母体验到自己女儿的特殊性，却无法分辨这到底是什么问题，而且他们只有这一个孩子，所以更希望这所新的学校能让她较轻松地建立社交联系。她在这所学校真的也过得比较好，但她依然无法融入群体，像是个局外人。

一位发现她的问题的老师促使她接受了适当的诊断，父母首先看到的是他们的女儿在社交上的孤立，女孩自己也证实她交不到朋友很难过，但人们搞不清楚这是否真的困扰着她，因为说话时她总让人感觉到她对自己所说的事似乎毫不在乎。

我们在这段论述的尾声还会简短地报告一下对她的治疗，但在此案例中除了治疗之外，向女孩还有父母说明她是自闭症的“症状带原者”（Symptomträger）也很重要。如此一来上述的“古怪现象”才能受人理解，而随着时间也能更易于被她自己以及她的环境所包容。

自闭症谱系（AS）的症状

➢ 无法成功与他人接触。难以或根本无法了解表情、手势与其他非言语的讯息，且自身心魂也无法透过他人通用的肢体语言来表达自己。这会造成社交怯弱甚至于完全的孤立。

➢ 可能会出现不同程度的仪式化行为模式。其特定的行动流程会像强迫症般进行，还可能会增强成为自残行为。可能会出现同样具备强迫特征的恐惧现象。而固化趋势更会渗透到内在与外在生命的所有范围，这尤其呈现在执着于特殊兴趣领域这一点上。对食物的选择可能也相当片面化。

➢ 对感官印象有不同且更加强烈地体验。他们不是逃避感官印象，就是会有目的性地去追求感官印象。

➢ 部分的人会在前面提到的片面兴趣领域中赢得渊博的知识。此时人们称之为学者综合征（Inselbegabung）。

➢ 学习讲话会以相当独特的方式出现变化。语言若非毫不费力就是要大费苦工才学得会。看待语言意义的方式不一样，语言会按照字面意义受到理解。说话的旋律可能极为单调。

➢ 假如完全无法言语，或者语言学习出现严重障碍，这种自闭症类型会被归类为所谓的婴儿自闭症（Frühkindlicher Autismus）。但也有些孩子会以惊人的速度，而且完美地学会语言，人们称后者为亚斯伯格综合征（据此，上述的青年女患者应该要被归类为这类型的自闭症）。然而这种区别并非真正合理，因为有些自闭症的人，他们既无法完全归纳为前者，也无法归类为后者。因此这个区别法已逐渐被遗弃。

上面列出了对自闭症症状范围的概述。接着我们要更仔细地检视这些现象，同时对它们进行补充。

对自闭症谱系的解释途径

我会研究此主题是因为受到了英格丽德·鲁尔曼的启发，她是汉堡 Bernard Lievegoed 研究所的研究员，并基于与自闭儿的相处经验指出自闭症症状与生命觉失调有关。后来我发现，卡尔·柯尼希早已讨论过此关联性。他还额外提出了所有感官的过度敏感性来作为此失调现象的突出症状。他利用鲁道夫·斯坦纳“治疗教育课程”（Heilpädagogischer Kurs）中所谓的过度膨胀的歇斯底里（übersteigerte Hysterie）来说明此过度敏感性。我认为这种对感官过度敏感性的解释是不够令人满意的，但针对感官的提示却是很重要的，因为各项感官及其功能在此背景中具有一种特别的意义。所以假如我们想了解自闭症现象，就必须研究感官。

身体感官对儿童健全发展的意义

为了能够判断一个器官的失调现象以及其在人体内的过程，首先必须了解其健康的进程，因此我们在此首先要观察健康的感官及其功能。

我们已经相当了解感官对儿童发展的作用与意义，所以在此只会简短解释这些进程。

为了在地球上开启一段生命，人的心魂与我会离开诞生前的灵性世界，并与物质身以及生命组织结合，后两者源自遗传之流，即来自父母与祖先，并会在这次的入世过程为孩子的肉体所用。人的两个部分——即天堂与尘世的部分——在诞生的那一刻尚未真正地结合在一起，此结合必须透过感官的活动来建立。首先是那些针对人类自身肉体的感官，包括触觉、生命觉、自我运动觉与平衡觉，因此我们也将其称为身体感官。借助身体感官，孩子仍属于天堂的部分会认识他自己的身体，进而使两个差异极大的本质领域之间能够彼此结合。

触觉使孩子的灵性层面能与自己物质身体之间建构一种关系。它是唯一能让我们感知到地球以及我们自己的身体之坚牢度的感官，此坚牢度会传递给孩子一种深刻的存有感，这能在整个后续生命过程中传达出一种安全的感受。此外，孩子还会经由触碰体验而意识到他的身体界线，如此一来便能够发展出一种拥有自己的内在世界的感受。此内在世界与外在的世界相对应，而接着在这个内在世界中便能够形成最初的“我”感受，这种感受会成为孩子将来能辨识另一个人的我本质的先决条件。

孩子透过**生命觉**获得与其生命力量之间的关系，这些力量会在以太身的组织中发挥作用，这点在之后还会再讨论到。

经由**自我运动觉**的活动，孩子能将他的肌肉系统形塑成适合他在这个世界活动的工具。肌肉逐步成熟以及连带的神经成熟替孩子的心魂创造了可用的工具，使其能存在于身体之中：心魂能借助此运动组织自由活动，透过表情与手势来表达自己，同时也会去学习了解语言，最终借由语言肌肉组织的帮助，它能够自己学会说话，并透过因运动而成熟的神经系统来为自己创造想象性的思考基础。作为心魂载体的星辰身会借由运动觉而沉潜至肌肉系统中，并以此方式与它的身体结合。

最后多亏有**平衡觉**，孩子才能够保持直立，而透过直立，头部与安居其中的大脑所需要的身体条件被创造出来，这是孩子能发展出思考所需的要件。我们的大脑“漂浮”于脑脊髓液中，它因而变得很轻且在很大程度上脱离了地球重力。此外透过直立还形成我们人类特有的能力，能在所有一般的运动之下维持头部最大程度的平静，孩子借此获得了安静注意的能力，将来所有有意识的学习过程都需要此项能力。人们也可以说，“我”组织利用平衡觉为自己在孩子体内创建了一处居所。

上面简短地描述了初阶感官在儿童发展中的活动。但我们必须要问，在感知的进程中究竟发生了何事，感知才得以完成？孩子为何能透过初阶感官的感知活动来掌握其身体呢？

孩子当然不仅只利用身体感官来掌握身体，他也会透过其他感官来习得各种能力，例如透过体验母亲的微笑并回应的方式来学习微笑。人们如何能透过模仿的方式来学习呢？

感知过程中的以太身活动

我会有这个疑问是因为我们知道，当一个孩子无法回应母亲的微笑进而本身也学不会微笑时，这是种相当严重的自闭症症状。

每次模仿首先都会透过一段感官过程而启动，但被感知物在纯粹的感官过程中起初仍是异物而已，我们尚未与其结合。孩子所感知到的事物如何能够在其心中转换成为内在体验，甚至唤醒孩子体内的能力，让他亲自去模仿被感知物？

鲁道夫·斯坦纳描述道，例如当以眼睛或耳朵感知到东西时，我们会将一部分的以太身连同我们的注意力一起送到我们想要感知的那个事物之上。当我们的注意力熄灭时，此部分将会再度回来与自己结合。他谈到“以太性的触手”，就是我们在无意识中将注意力伸到物体上，接着再度收回来的力量。

如此一来便产生了下一个疑问：在感知过程中我们为何会有以太物质可供使用，这是什么样的以太物质？

我们必须再退一步依据此观点来观察以太身。

鲁道夫·斯坦纳给予生命组织不同的名字：以太身、生命身或建构力量身（Bildekräfteleib），它会建构、塑造并维持我们一切的生命过程。不过鲁道夫·斯坦纳也称它为时间身（Zeitenleib），因为它总是在过程之中发挥作用，所以处在不断持续的时间之流中。我们也要了解到液体乃是此组织在地球上的媒介。

七大生命过程

在此关联性下，鲁道夫·斯坦纳还不断谈到在这些以太过程的背后有某种特定的规律性作为基础，他说明了一切生命过程固有的七大步骤，这些步骤彼此之间可加以区别。我们借由食物处理过程——这是此生命组织的一项重大任务——来理解这七大步骤的典型过程：

第一个过程步骤是食物的**吸收**，而食物来自矿物、植物与动物界中，那些对我们的身体而言是相当陌生的异物。鲁道夫·斯坦纳称这第一个过程步骤为**呼吸**（Atmung），因为此处首要的重点在于食物的摄入，就像我们呼吸时将空气吸入体内一样。我们借此过程将外界的一小部分吸收进我们之中。

第二个过程步骤为对食物的首度调整，使其适合我们的身体。经吸收但仍陌生的食物会被混入唾液、捣碎，一开始机械性地透过咀嚼，接着化学性地透过胃酸，同时它会受到加温来符合体温。鲁道夫·斯坦纳称此过程步骤为**升温**（Wärmung）。

当胃对食糜的研磨告一段落后，它会供应我们营养而离开胃部。这便是第三个过程步骤，鲁道夫·斯坦纳称之为**滋养**（Ernährung）。

业经研磨的食物流会在十二指肠中受来自肝脏与胰脏的消化液处理，使其一部分能够被吸收进血液中。这些消化液会除去食物中对我们的最后一点异质性，使其成为一种能够被肠道绒毛组织吸收并直接进入血液中的物质。在这个跨越门槛的过程中，个别物质都必须穿越一个“零点”（Nullpunkt），必须像在血液中重新形成，而现在这些物质将成为我们建构身体物质。食糜中那些生命体所不需要的部分会被排泄掉。鲁道夫·斯坦纳称此第四个双重的过程步骤为

（内在与外在的）**排泄**（Absonderung）。

已经成为身体物质的食物现在可以维持身体，并借此使个人能够继续存活。鲁道夫·斯坦纳称这第五个过程步骤为**保持**（Erhaltung）。

而如此一来也形成了第六个过程步骤的先决条件，亦即**发育**（Wachstum）。

最后，一切有生命的物质必须能够繁殖，能够再创造新的生命，因为死亡本也属于生命的一部分。此过程最强烈的形态出现在胚胎形成过程中，因此这第七个也是最后一个过程步骤乃是**繁殖**（Reproduktion）。

我们透过食物处理的例子来检视这七大生命过程。鲁道夫·斯坦纳在一次描绘中对此论述加以补充，他说食物在前三个过程步骤仍属于存在我们体内的外部世界，唯有加上来自肝脏与胰脏的消化液，食物才能个体化，才能真正成为自己的身体物质。为了达成这点，上端的层次必须在此处支持生命组织，因为生命组织无法独自完成这样一种转换步骤。我和星辰身的力量会在新陈代谢过程中无意识地起作用，这些力量会凝聚到消化液中，并对物质进行个体化。因此第四步乃是关键，它使物质能够融入并从外界物质形成自己个人的“受我渗透的”（durch-icht）身体物质。不过这并非以太身的唯一活动。我们之前已谈到在感知过程中会有作为“触手”形式的自身以太物质可供使用。为了能更加了解此过程，我们现在必须试着更仔细地理解生命觉的任务以及它在孩子体内的发展过程。

生命觉与其健康发展

让我们想象一个婴儿，一开始他还完全是个感觉器官，这意味着他只体验到那些透过感官涌入的印象，因此他会体验到纯粹的感知。我们很难想象何谓纯粹感知，因为我们作为一个大人在面对每次感知时都会马上获得概念，但婴儿没有这些概念。各种感知会在未经任何概念缓冲的情况下进入他体内，所以与婴儿有关以及发生在他周遭的一切都会对他的整个生命产生重大影响。

现在透过生命觉，婴儿能够感知自己体内正在发生什么事。

此感觉器官乃自律神经系统，它透过最细微的神经脉络渗透所有内部器官，直达个别细胞之中，并以经由感知的方式将体内一切的生命过程连贯起来。婴儿首先能透过此生命觉来感知其一切的生命过程，他是否吃饱或缺乏食物，肚子内是否有东西不对劲，他会首先透过此感官来体验所有的一切。生命觉会在此最初阶段让所有新陈代谢过程直接进入婴儿的梦幻意识之中，透过此方式，孩子的上端本质就能够与在身体中发挥作用的生命组织结合。

诞生短短几周后生命觉会开始慢慢改变，它会逐步将对新陈代谢过程的感知与孩子的意识隔离，如此一来婴儿就不必再感觉到肠道中每个不寻常之处。接下来生命觉只会传递一种像是新陈代谢过程的概要讯息，这是一种只会微微渗入意识中的心理感受。其结果是一个孩子在 1 岁的尾声不必再因为想要食物而哭叫；相反的他现在会体验到饥饿感，而且不用透过哭叫也能将其表达出来。现在每当饥饿、口渴与疲惫时，生命觉会静静地在我们的情感生命中通知我们，好让我们不至于忘记身体的需求，所以一种健康的饥饿感乃是生命觉发育成熟的迹象。

随着生命觉的成熟，同时还会发生另一个过程。原本以太组织完全被新陈代谢捆绑的部分会因而日益自由，而现在能够供学习与教养过程所用，他说首波换牙即为此自由过程的表现。我们都认识以太力量在头部的自由过程，它会随着第二波换牙从身体过程中释放出思考力量，这让孩子能上学学习。但在 1 岁时的重点不是这个，而应该是在另一个类似的过程上：此处获得释放的力量仍被绑在身体上，但却会供幼童的感官感知过程以及与之相关的模仿过程所使用。

经由感官过程的身体建构程序

因此我们可以了解到上述的以太触手会协同哪些以太力量工作。但究竟如何产生模仿，孩子如何能像鲁道夫·斯坦纳描述的那样，根据感官印象建构出其内在器官？一段感知如何能转变成能力或甚至成为身体的建构过程？我们描述了以太组织的身体建构过程与其在食物处理程序中的七大过程步骤。难道在感官感知过程中不会有类似的过程发生吗？

鲁道夫·斯坦纳首先叙述了十二感官，并将其与黄道十二宫联系起来。他把十二感官写在黑板上，围绕成一个圆圈，并将触觉置于我们一般会画上的牡羊座的位置（左边外侧），他继续将生命觉写在金牛座的位置，直到在双鱼座的位置写上了人我觉为止。他解释道，作为黄道十二宫呈现在大宇宙者，会以感官的形式体现在小宇宙上。接着他在这个圆内画了另外六个同心圆，将七大生命过程填入这中间的空位里并说道："就像大宇宙中的行星会穿越黄道十二宫一样，在小宇宙中，生命过程也会穿越感官。"他在此处补充了我们已经在营养部分描述过的内容，即感知作用在前三大生命步骤时还停留在外界，要等到经历第四个生命过程。当心魂以及我与感知作用结合后，它才会内化或是个体化。

我认为对每种感官过程而言这其实皆为一种整合过程的确认，我们在此过程中从外部纳入某物，并透过这七大生命过程来调整自己。因此就像在肠道中的过程一样，此处也必须有心魂与我的参与，如此一来我们才能与被感知的事物真正结合。这在我们成人身上主要是有意识的心魂力量在此时介入，特别是当我们有意识地参与感官感知过程时，此力量便会介入。但在年纪较小的孩子身上，此工作起初还完全由在其身体上进行着无意识建构工作的上端层次所主导。

而我们也已经提醒过，幼童感官与我们看待世界的方式之间的另一个根本差异在于：我们的感官过程会因不由自主产生的概念形成作用而弱化；但幼童还不具有任何概念，他只有"纯粹"的感知，其上端层次会借助各种感知而直接在身体进行器官与物质建构的工作，正因如此，这些上端的层次才能够产生如此深刻的身体建构作用。

在我看来，这种朝向身体内部建构的模仿能力在自闭症谱系现象下出现了某种程度的障碍，这引导出下列一点：自闭症现象并非感觉器官本身内部的一种问题，而其实是种感官处理失调。由于我们现在知道这是由可供运用的以太组织所主导，所以我们必须推断，自闭症最终可归因于此以太组织的虚弱。我们现在要个别检视并且验证这点。

新陈代谢过程中的以太组织孱弱

我们首先须假设若自由的以太组织遭到削弱，那么在新陈代谢过程中工作着的生命组织也必定跟着衰弱。事实便是如此。事实上自闭症状患者身上永远可以发现不同程度的食物不耐症，这些人的病史几乎总会提到在童年早期曾有严重的哭喊状态或营养失调现象；这些现象往往随着年龄增长而有所改善，但依旧会持续——有时是隐藏性地——存在着。用以克服陌生食物的力量不够充分，食物因此多少产生了毒害的作用。调整饮食（无麸质与酪蛋白）会有如此惊人的效果即证实了这点。这些人通常也很娇嫩，体重往往过轻，在这层背景下人们会用王子与公主来表达这些孩子（或是也包括了成人）的合成以太力量不足，无法抵抗星辰身塑形与分解的力量。这些症状经常不受重视，但我认为它们也必须被视为是自闭症状的原因。

我们现在试着从这种不完整的感知过程的角度来观察可能出现在自闭症谱系现象中众所皆知的多元症状。

不够成熟的生命觉

我们从生命觉开始，我先前已经提到此感官跟自闭症联系在一起，这相当易于理解，因为上述问题将特别快速地呈现在此感官上，而且只要轻微的自闭症谱系就可以看得到。每个感官过程我们都可区分三件事物：首先为感觉器官，其次为欲感知的物体，第三个则是在器官与欲感知物体之间建立关系的感知过程本身。当生命组织弱化时，生命觉上的这三大领域便会出现某种程度的改变。生命觉所要感知的物体乃是新陈代谢，而此过程因以太孱弱之故无法好好工作，其后果是作为生命觉的物质器官的自律神经系统未能正确成熟，故也无法健康地从事其工作。如此一来就没有足够的以太物质获得自由，也无法推动感知处理的过程，这又会衍生另一后果：这个在生命觉与新陈代谢过程之间建立关系的感知过程，将无法正确地进行。

基于此情形会形成不同的症状：

由于生命觉于生命初期并未成熟，对新陈代谢过程的有意识感知会继续存在。生命觉不会为肠道中的过程提供防护，也因为新陈代谢未能好好工作，所以这个部位会持续出现不适，肚子痛与（当强烈不适时）内心烦躁不安都是可能的后果。重度自闭症者常出现的持续不安现象必须与上述内容一起检视。

另一个症状是欠缺饥饿感。未发育成熟的生命觉无法让身体对食物及睡眠的需求在心魂中转变成体验，因此我们可以理解这些人缺乏与食物的良好关系，而睡眠也经常受到干扰。他们会很清楚地感知到食物在他们腹腔内的过程，以及什么对他们有利或是有害，因为他们的生命觉使其直接感知到消化过程。如此一来便可理解这些孩子如此偏颇的饮食行为是难以透过养育措施加以影响的。基于相同理由，他们也会相当精确地感知到药物在其体内所产生的影响，因此我们这些医师可以向他们学习。

借此，我所观察到频繁出现于较轻微自闭症病例的便秘现象也变得可以理解。透过强烈身体感知作用，他们感受到身体感觉改变的不舒适——此情况是于直肠部位内——以至于他们会试着用尽一切办法阻止排便。

但生命觉失调的主要问题在于：提供给感知过程的以太物质仅有少许或根本无法获得自由，如此一来，其他感官的一切感知处理作用也会彻底改变。我们已经详细探讨过，感知过程会因此而无法个体化，它们维持着陌生的特质，依旧属于外界。当我注意观看一个物体，并借此与其结合时，我就会自动忽略掉许多环绕在此物体周围的可见之物，而我自己决定要将注意力投注在何处；现在当这个与被感知事物结合的过程无法成功进行时，世界会继续留在外部，如此一来想从眼花缭乱的现象中过滤出单一事物就会相当困难。但由于感官本身是健康的（例外者为生命觉以及我们会接着探讨的高阶感官：思维觉、语言觉与人我觉），它们会带给当事者一种无法忽视的印象洪流，仿佛要将人淹没了一般。这些人接着可能完全无法招架这些透过嗅觉、味觉、视觉与听觉所获得的感官印象。

当然所有感官不会永远都受相同程度的影响；以太层面的衰弱度也是差异极大，并会以不同形式展现在不同的感官过程中，但我们现在隐约意识到这些人碰到了什么情况。令人眼花缭乱的感官印象洪流会造成不安与刺激感，这点还会受到另一种现象的影响而加剧：澳洲的自闭症患者唐娜·威廉斯用“意义麻木”（Bedeutungstaubheit）一词来称呼此现象。意指无法理解被感知事物的含意。感官印象本身会因此变得更加剧烈与令人恐惧。为何会无法理解含意呢？为了了解此现象，我们必须深入研究思想觉。

发育不良的思想觉

唐娜·威廉斯创造了“意义麻木”一词。当随着年岁渐长而状态有所改善时，她能够了解到事物的含意在以前从未对她揭示过。她见到一些东西时能叫得出一部分的名字，但她无法了解它们的意义。我们一般人当然有着可透过形成想象来整理自身感官印象的能力，而且从小就透过利用思想觉来感知大人想法的方式来学习事物的含意，如此一来，我们学会理解事物彼此之间的关系。之后随着发育成熟过程我们才开始自己主动地去领会想法，所以儿童需要借助思想觉来理解其他人的想法，然后再进一步学习自行思考，之后就不再只仰赖对其他想法的理解，而是能够找到直接通往想法领域的管道，这些想法是大人可以透过直觉而直接获得的。不过儿童首先必须透过思想觉从大人身上获知事物的含意。

这会产生一个疑问：何谓思想觉？如鲁道夫·斯坦纳所说的，思想觉的器官乃是我们的生命组织。所以思想觉系由生命觉的活动所产生，生命觉使孩子在童年初期能够将生命组织建构到自己的身体中。

假如上述过程无法顺利完成，我们就不难理解思想觉器官为何会发育不良了，而且如我们已多次描述过，思想觉的统整过程也会不成功。因此我们能够了解唐娜·威廉斯为何提出“意义麻木”一词，透过此概念我们便可理解自闭症谱系者为何难以明白玩笑与讽刺。欲明白这种说法的趣味或意义，人们必须能够直接接收与领悟他人的想法；自闭症者办不到这点，他们对凡事的理解皆为字面所示，这点又使他们更难以与他人接触。

当我们将消化过程中的不适感以及被感官印象淹没等情况纳入考虑时，便能够了解自闭症的许多现象。特别是我们现在大致可以了解生命体验在这些条件下该有多艰苦，有时更令人无法承受。为了能更加理解自闭现象，我们还需要探究其他感官。

无法进行消化处理的触觉

唐娜·威廉斯替自己的自传下了“当你触碰我时，我可能会消失”以及“假如你爱我，就会与我保持距离”的标题，这表达出许多自闭症者的基本感受。因为触觉体验未能真正地融入身体，上述的自我情感与安全感也无法形成。每次触碰都是陌生且无从理解的感受，所以使人害怕，其后果是自闭症者也没能好好地入世，鲜少与自己的身体发展出关系。阿克塞尔·布劳恩斯在其自传中描述了此点：疾病中的剧烈疼痛对他不是痛，相反，疼痛会在他身上引发一种强烈的幸福感，他借此首度感受到他的身体，并进而能感觉到自己存在于身体之中。

未发育成熟的人我觉

根据鲁道夫·斯坦纳的说法，自我觉器官乃是我们物质身体的整体性。当一个人缺乏与自己身体的正确关系时，此器官也无法充分供其使用，其后果是难以或根本无法辨认其他人。我们一般人本来能透过自我觉而马上掌握的人脸会变得无法确认，且因为（不会直接透露含意的）脸部表情不断变换而会相当折磨人，所以他们会避免眼神接触。我有一位称自己为“亚斯伯格症患者”的病患曾双眼看着我很长一段时间，这令我很惊讶，我问他怎么办到的，他回答说他透过土法炼钢的方式学会了正眼看人这件事，但他现在却不晓得该看我的右眼、左眼或是该看我的嘴巴。因此一位自闭症谱系患者观看他人时并不会产生统一的印象，对他而言，每张脸都是由各式细节所构成的，他无法或须费尽苦工才能体验到一张脸的综合意义。而我们一般人只要透过自我觉便可直接明白此意涵。所以我们不难理解为何这种体验会使他们不舒服而尽量去避免。

如此我们便面临另一个与感官感知结合的现象。我们的感官性的感知几乎永远都是不同感官印象的组合，它们会自动作为感知内容进入我们的意识当中。简单举个例子：透过视神经，我们的眼睛只会传达颜色印象与亮度差异给我们，多亏有眼部肌肉我们才能感知形状，借助眼部肌肉我们得以迅速地捕捉注视中的物体。也就是说我们无意识地融合了视觉印象与运动觉印象，并且根据自身经验来附加概念，接着会说：我看到了一棵菩提树。多亏神经系统我们才有这种能将众多单一感知汇整成统一感官印象的能力。鲁道夫·斯坦纳在治疗教育课程第一讲中讨论了人体中的一种合成汇整能力，而神经就是在其进展中建构形成；多亏有此汇整性的涌流我们才能获得我们所感知的内容。在自闭症谱系患者身上有时不会发生这种不同感官印象之间的网络化过程，这也明显增加了生活的难度。至于这是否为思维觉或自我觉的问题，或者其实是相当个人化的议题，此问题仍有待商榷。

但我们有必要认识到这点是某些患有自闭症谱系的人的另外一项问题。

在此背景下我们现在能够了解大量的已知自闭症状。

我们从重度自闭症开始看起：这些人外在给人的感觉是他们仿佛只活在自己的世界中，且完全感知不到他们周遭的任何事物。但我们现在知道他们其实无止境地感知到许多事物，世界对他们来说只是纯粹由各种细节所构成，这些细节并不具意义与关联性。而且对他们而言，某些感官印象的强度达到了一定程度的恐怖体验，再加上结合了来自身体的强烈不适感，会导致其中某些人产生（有些相当激烈的）自我伤害现象。他们仿佛想以此方式来获取一种身体感受，或也想利用此强烈的自我感知来麻痹其他一切痛苦的印象。

透过其制式行为，如以双手扇风或是不断重复的动作流程，他们创造了自己的感官刺激，这会保护他们不被感知外界的沉重负担所伤害。这样一来我们便可理解他们对于特殊触碰体验、恶臭气味或是强烈光线刺激的偏爱。若这些自行引发的感官刺激继续增强，便能够帮助心魂离开身体，而且由于这些人缺乏与自己身体的关系，故能相对轻易地办到这点，也因此他们从外部看来给人会如此“残疾”的感觉，但这对他们来说却是个逃避来自自己身体与来自周遭之痛苦印象的机会，也是能在一定程度上安稳度日的可能性。

假如症状没这么显著，便会出现众所皆知的逃避行为与门槛恐惧（Schwellenangst）等情形。面对新状况会恐惧且会逃避，因为未知印象令人极其困惑。此时制式行为也会是种帮助，这会对此令人不安的世界提供倚靠，因此自闭症者常会对制式行为产生强烈的需求。这些孩子的典型情况是在他人面前，或是在学校里都很“乖”，但这个乖是因为他们受到无法理解的印象的影响，仿佛是陷入压力之中才形成的，因此他们的身心会越来越紧绷。当他们接着回到家而处在熟悉的环境里就会开始释放这种紧张，此时可能出现严重的发怒现象，而特别是那些他们熟悉的人会遭殃。整个家庭系统都可能因此遭到动摇，而且这些孩子最爱的人——往往是母亲——特别会是这些怒气的受害者。

这种对新事物和未知情之事的恐惧使得像参加班级旅游这件事成为大问题。假如感知失调情况再严重些，接着也会演变成害怕上学，这可能会透过腹痛与类似的不适情形表现出来。此问题若再升级则可能导致彻底抗拒上学。

对这些孩子进行身体检查可发现持续性的内在紧张情形，常出现肩膀前倾，并结合此部位肌肉组织的显著硬化现象。腹部肌肉组织也几乎总是紧绷的，若再加上心魂紧张便会形成腹痛，而当紧张状态减退时，疼痛也会马上消失。常出现的踮脚尖走路也可能是这种持续性内在紧张的表现，也可能是已经探讨过的身体与心魂之间关系松散的症状。

无法消化的感知也可能是不安状态的原因，此状态可能会越来越常出现在学校中。若此不安真的要归因于感知处理失调的话，就很难透过寻常教育手段加以克服。这些孩子会不断需要能躲回避风港的可能性，他们在那里不会被外来印象淹没。

未好好工作的运动觉

自闭症谱系患者身上的运动觉也可能受到影响。在较轻的症状中绝对有运动过程健全的人，但大多数的时候运动成熟过程会因为对于本体运动的感知发育不良而受阻，典型现象为不流畅、笨拙的运动。而由于模仿受到阻碍，所以也无法学会表情，这会造成此人的手势与表情毫无表现力。然而与运动有关的语言觉本身也可能在其感知处理过程中出现失调现象。

未好好工作的语言觉

在语言学习部分，轻重度自闭症患者之间会呈现引人注目的巨大差异。重度患者若非完全学不会说话，就是语言学习迟缓且发展困难，而其余患者则在相当早期就学会说话，且完美得令人惊讶。这两种南辕北辙的现象可能是同一种失调症状的表现，这点在看过现在即将描述的内容后便可理解。

我们已经谈到语言理解须透过自我运动觉才有可能办到。当我们听见语言时，我们的肌肉组织会随着所听见内容的具体声音而共鸣，这些肌肉振动加上听觉让我们能够理解语言，因此语言觉的发展系源自自我运动觉。若自我运动觉失调，语言理解会跟着失调，更连带影响到语言的学习，这是因为在学习语言之前永远必须先理解该语言。也就是说，与动作的关系失调可能会引发语言学习的困难。

然而自闭症谱系的主要问题在于语言意义的处理出现失调状况，而且人们此时可观察到哪些生命过程在语言感知过程中进展顺利，哪些则否。

若语言觉在领悟语言时无法成功完成第一个步骤“呼吸”，那么根本无法习得语言，因为此处欠缺了语言学习的先决要件。若除了呼吸外啥也没完成，则会形成模仿言语（Echolalie），听到的语言会在毫无理解的情况下像是被一面镜子反射回来。若语言学得很早且讲得相当完美，那么前三个步骤完成了，不过语言无法经过个人化而依旧维持土法炼钢的状态，所以由后续感知步骤所产生，并会于最初建构出童言童语的个人化过程便无法完成。假如人称代词无法正确套用，此乃思想觉的问题，我认为搞混“我”与“你”这件事与未好好工作的自我觉有关。

特定的人或在特定的情形下可与选择性缄默症者讲话，其余则否。当孩子无法承受过多且过于陌生的印象时便会保持沉默，反之当他并不觉得负担过重时就有可能开始说话，而这须在熟悉的环境中才有可能。

强迫症倾向

还有一个没讨论到的症状，即强迫症（Zwanghaftigkeit），在这些人身上，强迫症多少都充斥在其一切行为模式及所有想法中。

为了能理解这一现象，我们必须参考“治疗教育课程”，鲁道夫·斯坦纳在其中描述了让我们有办法记得与遗忘的人类学场合：

当我们在头部组织中发展出对感官印象的一种有意识想象时，下端机体——即我们人体的新陈代谢（Stoffwechselmensch）——此时会安静地产生共鸣，而想象会被加工整合、被吞噬、被“完全吃进”新陈代谢过程中。此历程在“遗忘”一词中有相当详细的描述，鲁道夫·斯坦纳让我们看到此遗忘历程仰赖于蛋白质过程：蛋白质系由碳、氧、氮、氢与硫等原料组成，前四种物质构成氨基酸，并透过彼此间千差万别的键结形成我们每个人不同的蛋白质。而造成此多样性的键结系由硫所建立，它不仅会使不同氨基酸相互结合，也能很迅速地将其彼此分离。硫乃是确保蛋白质持续改变并使其在新陈代谢过程内始终保持流动的保证人。有许多硫的话就会表现在蛋白质新陈代谢的快速进行上；若硫过多将会导致强烈的遗忘，人们将记不住事情。如果硫太少的话，这些过程就会减缓且可能继续演变成无法遗忘，如此一来想象就无法被新陈代谢吸收，会折返回到头部并固着于意识当中。鲁道夫·斯坦纳此时将缺硫与富含铁的体质联系在一起，这些是拥有深色头发的人，且因为皮肤中具有较高的黑色素含量而不会对阳光过敏，他说，人们可借由偏红的毛发以及对阳光敏感的皮肤来辨认富含硫的体质。

我们必须要问：硫在蛋白质新陈代谢中是什么东西的表现？人们或许可以这样理解：硫——如同鲁道夫·斯坦纳在《农业课程》(Landwirtschaftlicher Kurs）中所说——仿佛“利用灵性来湿润”其他的基本物质，它是生命过程得以在蛋白质新陈代谢中产生作用的保证人。如果只有谈论表现在发色上的各种体质，都涉及各种生理性的波动，它们会在新陈代谢过程中的以太作用中间值附近起伏。若这些波动加剧就会成为各种片面性的倾向，其意味着生命力量可能会过度介入或者是介入不足。据此看来，呈现缺硫状态而太过衰弱的以太身会导致人们无法遗忘，这表示一个人好像被想象占据而无法摆脱它们，这会造成我们常看到的强迫症。我们可以如此理解：深色体质的人会因为以太力在蛋白质新陈代谢中的力量较弱，所以会比那些有着淡色或甚至偏红毛发的人更容易形成自闭症症状。根据我自身以及英格丽德·鲁尔曼的观察，患有自闭症的人多属于这种缺少硫的体质，然而并非所有人皆如此。因为在生命力量极度衰弱的情况下，淡发或红发的人当然也可能会出现这些症状。

借此我们也能解释自闭症障碍著名的性别分布情形（男性明显多于女性）。鲁道夫·斯坦纳描述道，女性体质的生命力量与心魂层面都发展得更加强健，而男性体质则偏向于物质身与我组织。也就是说，在生命力量领域承受同等负荷时，男人会比女人更容易出现自闭症症状。

学者综合征

我们现在也可以了解学者综合征现象，即他们在特殊领域可能会累积大量的知识，这是因为他们无法遗忘而必须把所有事情牢牢记住。但问题在于他们是否有足够的思想觉能合理地连贯这些单一事实，而情况往往事与愿违。由于现今社会高度重视完美的语言与优异的事实理解，再结合上突出的视觉记忆力，所以他们常会被认为是天赋异禀，但他们却往往无法利用此天赋来开展太多事情。

不过在这些人之中也有真的片面性的天才，由于他们缺乏与自己身体的关系，他们有时可能会轻易地直接进入思维与直觉领域，也就是他们不需经由思想觉的传递便可以办到。因此一个人可能被意义麻木所困扰，但同时他在某一特定领域却又是个天才，这经常会是数学或理论性物理等领域，因为这些专业领域尤其是透过纯粹性的思考来工作。

结论

我们现在能够说自闭症谱系会呈现出生命组织领域孱弱的后果。我们一方面看到食物无法正确地被消化，这也造成意义的感知处理过程无法顺利完成，而这些意义正是我们与外界之间的桥梁，如此一来会使当事人与外界分离，甚至也常与自己的身体分离，进而只活在自己的世界当中。我们只能隐约推测承受这种状态之苦、孤独感，以及明白自己与众不同对于他们究竟代表什么意义。目前市面上有许多自闭症者的自传传记能够协助我们发展出对他们的了解以及同理心。

以太身弱化的原因

若欲探询以太层面孱弱的原因，我们必须观察许多当代的文明成就。想象一种或许在一百五十年前农村环境中还可以见到的生活，融入大自然的节奏，加上健康饮食以及源自自然环境的知识，如此一来便能发展出强健的生命力量。

随着日益知识化、与自然环境脱钩以及营养的贬值，弱化就开始了。再加上人们（对以太层面有着重要强化作用）的宗教依附关系日渐消失，这一切都导致生命力量的明显减弱。但由于人类生命组织在一开始明显还行有余力，所以我们长久以来并未直接察觉到这一点。但我们的生命组织不断地遭受新的攻击，营养继续贬值，我们接触到越来越多未经检验的化学物质，疫苗接种计划也持续地扩展，而且儿童也越来越早接受注射，这只是持续增长的负担的冰山一角。此外还有节节升高的电磁波辐射，目前主要以脉冲波为主。

我们的以太组织现在似乎无法再应付这一切，尤其是儿童尚无法阻隔外界对他们的影响，而建立起自己的以太组织是他们的首要任务，所以他们常常无法再应付这些攻击。

治疗

人们能做些什么？我们肯定也必须从社会层面加以思考，以便能对抗这些对我们生命领域日益增长的污染。然而我们首先需要意识到什么会首当其冲，并了解这些对我们生命组织的攻击会衍生什么后果。即使在美国有一大群人以饮食、营养补充与排毒疗养等方法取得了惊人的成功，德国官方的医学在一般情况下仍将自闭症归类为没有病因疗法（Kausale Therapie）的人格障碍。难道因为顾忌到衍生的后果而使这些成功遭到忽略吗？

我们身为医师必须要在每个个别病例中自问能做些什么，以及我们必须在何处进行预防工作。预防手段肯定是一切有关艺术性的事物，这里尤其要提到优律司美，它会直接增强人的以太力量。所以强烈捍卫不让所有这些科目逐渐减少（此现象也发生在华德福学校中）将会是一大使命，这也包括了推行无手机校园运动（像在某些地点实施此规定）。洞见事物本质，充满灵感、勇气与执行力也同样不可或缺。

在个别案例中当然也可以借助药物的力量。长久以来，在我的诊所中证实了器官药剂（Plexus gastricus）的疗效，我使用它来支持自律神经系统这个生命觉器官。文章一开始我所描述的病患也服用了此药物，一般来说我会让病患每周服用一到两瓶的饮用安瓿（Trinkampulle），不过她有时会天天喝。这使她的睡眠明显改善，她现在也能感觉疲惫，紧张咳嗽的情形不再，她对父母的言行似乎也更为放松了。她如今成功地从学校毕业，凭借医师诊断书，考试时她获得更多时间来作答。她也考取了驾照。然而她需要持续服药，未服药时，紧张现象会再度增强。

我长时间以此药物作为主要治疗手段，对较轻微的病例我取得了理想且可靠的疗效，但对重度病例这种药物就不够给力了。我还额外推荐对较严重的病例使用在美国经过验证的无酪蛋白以及无麸质饮食，这会对家人的生活习惯造成较深刻的介入，故少有真正实行的家庭，然而其疗效让我觉得有义务向大家推荐。在代谢麸质与酪蛋白时明显要消耗大量的生命力量，致使虚弱组织身上也会缺乏生命力量来进行其他的合成程序。我另外推荐每周在肾区做两到三次的姜敷布，我认为给肾脏支持是很重要的一件事，因为它乃是新陈代谢的上位器官。维生素与微量元素的补充也极有助益，因为生命体往往无法自行从食物中获取这些物质。

音乐能创造通往这些人心魂的重要管道。因为拥有敏锐的听觉，他们往往非常具有音乐天赋而且特别易于感受声音的世界。疗愈性的乐音优律司美

（Toneurythmie）也显得特别有帮助。这些都是建议，上述所有的治疗过程皆可扩展与补充。我们在一定程度上全都站在起跑点上，必须透过我们的经验来彼此帮助，我乐见能有这样的经验交流。

另外还应提到“促进式沟通”，这严格说起来不是一种治疗，但无法言语的自闭症者却因此获得了倾诉的机会，而透过此种方式，我们得以参与他们的心魂生命，并可以对其能力产生更深层的关注。促进式沟通的声名狼藉是由于自闭症书写者很有可能因为太清楚地感知协助者的思维，所以在字母板或电脑中写下的并非他自己真正的想法，但假如协助者能够彻底净空内心，这将会对他们有极佳的帮助。少数无法言语者借由此途径学会了在不仰赖协助的情况下书写，这一事实证明他们真的能够叙述自身的体验。

而探究治疗最终其实就是对我们所居住的地球进行探究。即使我们必须为每个病例寻找其个人化的治疗，也必须努力保护我们的孩子，尽可能不让他们受到人类文明的影响与伤害，但这都是无谓的抵抗，因为我们难以阻止大方向的发展。地球的生命力量整体来看已显老态、开始衰减，而且所有的人也都透过现代的生活风格进一步强化了此衰退过程。但我们还是可以为建构新的生命力量尽一份心力，让这些力量能够存续到未来。鲁道夫·斯坦纳不断地从不同观点提到各各他神迹（Mysterium von Golgatha）来作为我们地球发展的中心事件。即使在目前主题下很难讨论各各他神迹，但我依旧认为必须提及这点。这些新的生命力量已然存在，但我们必须去接纳它。我们有机会与这些充满光明前景的地球生命力量结合，但这不可能自动发生，每个人都可以追寻这条路，然而要如何走这条路，则需要每个人自己决定并找到答案。宗教或灵性流派能在这条道路上为人指点方位，而鲁道夫·斯坦纳则透过人智学提供了一种符合我们这时代的协助方式。

从上述内容会得出结论：透过自闭症表现，我们正在面对的是一种影响深刻的时代现象，而今天每个人——就算他未直接患有自闭症——都必须认真面对它。

我们在童话故事《小海兔》（Das Meerhäschen）中生动地看到在1916年8月11日于多尔纳赫的演说中，鲁道夫·斯坦纳说了那些有关十二感官（这边用了十二扇窗）与七大生命过程（此处谈了生与死、融合与转换之间的相遇）的关系的内容。

“就像大宇宙中的行星会穿越黄道十二宫一样，在小宇宙中，生命过程也会穿越感官……”若某一感官感知未受到生命过程的掌握，它会保持“死亡”状态，若它如同童话“小海兔”里的主角被乌鸦放入一颗蛋之中，后来又经内化而融合进一条鱼的身体里，并且在泉水的以太涌动中接受本质性的转换，它会开始具有生命，让人能学习新事物并拓展公主的生命可能性。

小海兔

下面讲的是一位公主的故事，她在城堡中尽览其王国内的一切事物。

从前，有一位美丽的公主住在一座城堡中；城堡的顶端有一个房间开了十二扇窗户。她从所有窗户来看见她的整个王国，不过从第一扇窗只看得到这里和那里，而且也看不到所有角度。从第二扇窗可看到多一些，再从第三扇窗又看得更多一些，直到她最后在第十二扇窗能非常清楚地感知一切事物为止，如此一来，发生在王国内的一切事物全都瞒不过她。

她宣布要嫁给能躲过她的法眼而让她找不到的男人，不过一旦尝试却被她找到的人就要被处死。已经有九十七个人敢冒生命危险，但公主找到了他们所有人，并将他们的头插在木桩上。长久以来都没人敢再自告奋勇，公主对此非常得意，因为她并不想结婚。终于有一次来了三兄弟。大哥首先尝试，他爬进了一个满是石灰的洞里，但公主在第一扇窗就看见他，把他叫出来，他的脑袋也被砍了下来。

二哥躲进了城堡的地窖中，公主同样在第一扇窗就看到他，把他叫出来砍头，并将他的头插上木桩跟其他牺牲者立在一起。当轮到弟弟上前挑战时，他首先请求公主给他一天时间考虑，又请她开恩给他两次机会，但假如她第三次看到他，他便会乖乖认命。公主很乐意地同意他，因为公主不觉得他有成功的机会。

现在他有一天的考虑时间。当他想破头也想不出办法时，便抓起他的猎枪去打猎，好分散注意力。首先他瞄准了一只乌鸦，正当他要开枪时，乌鸦对他大喊："别开枪，我会报答你的！"他放下枪继续往前走，很快地他来到一个湖边并惊动了湖中一条大鱼，他正想开枪时，鱼对他大喊："别开枪，我会报答你的！"

他又放下了枪继续往前走，接着他看到了一只跛脚的狐狸，并在狐狸意识到之前他就举枪射击，但他没射中狐狸，狐狸就对他大喊："请过来帮我把刺从脚上拔出来！"年轻人赶过去照做了，但他现在要杀死狐狸并剥它的皮。"饶命！"狐狸说，"我会报答你的！"年轻人听了它的话，放它走。所以他啥也没猎到，晚上两手空空地回家。次日，他想躲藏但还是不知道要往哪里躲，所以他走到森林找乌鸦，对乌鸦说："我饶了你一命，现在告诉我应该要躲到哪里才不会被公主看到！"乌鸦想了很久很久，终于说："我想到了！"它打破巢中的一颗蛋并将它分成两半，把年轻人放进去再把蛋封好放回巢中并坐在上面。

当公主开始找他的时候，在第一、第二、第三与第四扇窗中都一无所获，这使她大为震惊，并继续寻找。她在第五、第六、第七、第八、第九与第十扇窗中什么也没看到。终于在第十一扇窗中，她看见他了。公主马上派人射杀乌鸦将蛋取回打开，年轻人不得不出来。公主说："我已经给你一次机会了！"

现在他必须第二次躲藏，但他不晓得要躲到哪里，所以他来到湖边呼唤鱼，并说："我饶了你一命，现在你要告诉我应该躲在哪里，公主才不会看到我！"鱼沉思良久，终于它说："我想到了！你躲在我的肚子中最安全。"鱼马上吞下他并潜至最深的湖底。公主再次透过窗户搜寻，但直到第十一扇窗都徒劳无功，当在这扇窗也无法找到他时公主暂停了一下，她感到相当不安。

终于她走向第十二扇窗，并看见了他，她马上派人捕抓那条鱼来杀掉，所以年轻人不得不出来。"我已经给你两次机会了，你的头接下来就要被挂到柱子上！"年轻人很忧伤，因为他想破头也不知道现在能躲到哪里去才不会被公主发现。当他抱着忧愁的思绪来回踱步时，他看到了狐狸。"啊哈，你这个躲藏大师要上哪去？我饶了你一命，现在告诉我应该躲在哪里，公主才找不到我。"狐狸忧心地摇头说："嗯，这是个棘手的难题！等等，我想到了，跟我来！"他们来到一泓泉水旁，狐狸率先潜入泉中，马上变成一位市集上的杂货与动物商人。"现在换你进来！"年轻人照做了，并且马上变成一只可爱的小海兔。

商人动身进到城中，接着所有市民全都为了观赏美丽的小海兔蜂拥而来，连公主也不例外，她对小海兔爱不释手，便将它买下来。但商人已经告诉过小海兔，当公主走向窗户时，它应该爬到她的辫子下面。终于到了公主寻找年轻人的时候，但是她却又害怕又生气。

她走向第一扇窗，可是什么都没看到。她重重关上窗，让窗子都碎裂了；她走向第二扇窗，但什么都没看到，她也是用力关上窗，让玻璃碎片飞溅。同样的动作也发生在第三、第四、第五与第十一扇窗上，她的惊惧越来越强，而当她重重关上第十二扇窗的时候，整座城堡都在震动，而玻璃碎裂成千上万片。

她离开窗户，在盛怒之下她感觉到自己辫子底下的小海兔便抓住它，把它丢向地板并大喊："滚开，滚出我的视线！"接着小兔子便跑去找商人，两者一起赶往泉水处，再次泡到水中并变身回来，商人变回狐狸而小兔子变回年轻人。年轻人感谢狐狸，说道："跟你比起来，乌鸦跟鱼真是愚蠢极了，我不得不承认你真是诡计多端。"狐狸听到这个赞美很高兴，开开心心地进到森林里去了。

年轻人现在径直来到城堡中，公主已经在此等候他了，因为她必须接受自己的命运。民众庆祝了他们的婚礼，而年轻人现在成为国王。他从未告诉妻子自己最后一次到底躲在哪里，以及是谁帮了他，而皇后则相信他是靠着自己的能力办到这一切而对他相当尊敬，因为她告诉自己："他比你更有能耐！"

关于作者

英格丽德·鲁尔曼（Ingrid Ruhrmann）

生于1951年，特殊教育教师，治疗教育家，长年参与早期疗育（Frühförderung）工作，开设私人诊所，范围涵括语言治疗与感觉统合、家长课程、生命史工作、诗歌疗法（Poesietherapie）、创伤后压力综合征（PTBS）的诊断与治疗，以及残障领域内的系统性解决方案等工作。

罗斯薇塔·韦尔曼（Roswitha Willmann）

生于1965年，高中教师，律动按摩师，调解人。长年参与治疗教育工作，专攻自闭症。进修感觉统合、关系学习与关系治疗。

安涅特·韦尔兰德（Annette Willand）

生于1965年，心理学硕士，心理治疗自然疗法师（Heilpraktikerin），德国心理学家联盟（BDP）成员，心理治疗培训，家长培训课程带领人，参与心理学研究工作，拥有长年面对自闭儿童的经验。进修声音与歌唱疗法、心理学诊断学、发育诊断学、特殊教育学。

娜汀·泽曼（Nadine Seemann）

生于1975年，不同Camphill社群的合作者，接受治疗教育学训练，疗育科学（Heilungswissenschaft）师承芭芭拉·布伦南（Barbara Brennen），在BLI接受综合诊断学与具身化（Embodiment）培训，身体疗法与关系劳动（Beziehungsarbeit）师承伊蕾纳·托普勒尔（Irene Tobler）。

安娜·布兰特（Anne Brandt）

生于1969年，经济Demeter培训，1996年申请到冰岛（Islandpferd）马训练师执照，2000 年成为结合治疗途径的马术教练，2006 年于 BLI 进修综合诊断学与特殊教育附加资格，2013 年受训成为马术治疗师（Reittherapeutin）。

蕾娜塔·威斯普勒（Renata Wispler）

生于 1946 年，在其位于 Schloss Hamborn 的私人诊所担任人智医学医师，校医。

参考书目

FéLICIE AFFOLTER：Wahrnehmung，Wirklichkeit und Sprache. Villingen-Schwenningen 1991

TONY ATTWOOD：Ein ganzes Leben mit dem Asperger Syndrom. Trias Verlag，2008

AXEL BRAUNS：Buntschatten und Fledermäuse. München 2002

KARL HEINZ BRISCH：Bindungsstörungen：Von der Bindungstheorie zur Therapie. Klett-Cotta，2015

KARL HEINZ BRISCH：Säuglings- und Kleinkindalter，Bindungspsychotherapie. Klett-Cotta，2014

MARY CALLAHAN：Tony（Diät und Autismus）. Bastei，1984

ST. GREENSPAN，S. WIDER：The Child with Special Needs. Da Capo Press，1998

ST. GREENSPAN，B. L. BENDERLY：Die bedrohte Intelligenz. Goldmann，2001

ST. GREENSPAN，S. WIDER：Engaging Autism. Da Capo Press，2006

ZERO TO THREE/NATIONAL CENTER FOR INFANTS，TODDLERS AND FAMILIES，WASHINGTON D. C.（HRSG.）：Diagnostische Klassifikation. 0-3，Springer，1999

ANNE HÄUSSLER：Der TEACCHAnsatz. Dortmund 2005

HELLMUT HARTMANN：Aufmerksamkeits-Interaktions-Therapie bei

aggressiven Kindern. Autismus heute，Dortmund 1990

JOAN MATTHEWS & JAMES WILLIAMS：Ich bin besonders. Trias Verlag，2001

BARRY NEIL KAUFMAN：Ein neuer Tag；Wie wir unseren autistischen Sohn aus seiner Einsamkeit befreiten. Bergisch Gladbach 1994

KARL KÖNIG：Sinnesentwicklung und Leiberfahrung. Stuttgart 1971

HANS MüLLER-WIEDEMANN：Der frühkindliche Autismus. Stuttgart 1981

JASMINE LEE O'NEIL：Autismus von innen. Bern 2001

HELMUT REMSCHMIDT：Autismus. München 2005

HELMUT REMSCHMIDT：Das Asperger Syndrom. Medizinisch-Pädagogische Konferenz，Heft 49，Mai 2009

JOHANNES W. ROHEN：Morphologie des menschlichen Organismus. Stuttgart 2002

SUSANNE SCHÄFER：Sterne，Apfel und rundes Glas. Stuttgart 1996

KATHRIN STUDER-SENN：Der unsichtbare Mensch in uns. Dornach 2015

DANIEL TAMMET：Elf ist freundlich und fünf ist laut. Düsseldorf 2007

THOMAS VASEK：Die Rache der Nerds. brand eins，Heft 4/2010

SIEGFRIED WALTER：Autismus. Buxtehude 2007

DONNA WILLIAMS：Ich könnte verschwinden，wenn du mich berührst. Knauer，1994

DONNA WILLIAMS：Wenn Du mich liebst，bleibst du mir fern. Knauer，1996

DIETMAR ZÖLLER：Autismus und Lernen. Weidler，Berlin 2004

DIETMAR ZÖLLER：Autismus und Körpersprache. Weidler，Berlin 2001

Die Ausführungen von Rudolf Steiner sind im Text mit genauen Angaben versehen.